개미도 무조건 돈 버는 주식투자, ETF가 답이다

일러두기

● 본 도서의 내용은 필자들의 개인 의견을 바탕으로 작성한 것으로, 필자들이 근무 중인 회사의 공식적인 견해가 아님을 분명히 밝힙니다.

개미도 무조건 돈 버는 주식투자, ETF가 답이다

초판 1쇄 인쇄일 2021년 6월 7일 ● 초판 1쇄 발행일 2021년 6월 17일
지은이 안석훈, 오기석
기획편집 김유진 ● 편집 최희윤 ● 마케팅 김현주
펴낸곳 (주)도서출판 예문 ● 펴낸이 이주현
등록번호 제307−2009−48호 ● 등록일 1995년 3월 22일 ● 전화 02−765−2306
팩스 02−765−9306 ● 홈페이지 www.yemun.co.kr

주소 서울시 강북구 솔샘로67길 62 코리아나빌딩 904호

이 책은 ≪무조건 돈 버는 주식투자, ETF가 답이다≫(2018)의 완전개정판입니다.

시장을 이기는 강력한 전략, 최고의 ETF를 찾아라

개미도 무조건 돈 버는 주식투자
ETF가 답이다

안석훈, 오기석 지음

예문
yemun

주린이들은 잘 모르지만
투자 고수들은 다 하고 있다는 '그것'

주식 초보들을 구원할 진짜 고수들의 투자 비결,
글로벌 ETF를 알면 주린이가 슈퍼개미 되는 주식 투자의 길이 보인다!

2018년 6월 ≪무조건 돈 버는 주식투자, ETF가 답이다≫를 출간하고 과분한 관심과 사랑을 받았습니다. 그러나 시간이 흐름에 따라 책에 담은 정보와 현시점의 정보 사이에 갭이 커져, 가장 최신의 내용으로 보완하기 위하여 잠시 판매를 중단하고 반년 여의 정비를 거친 끝에 내용을 업데이트한 개정판을 출간했습니다. 초판 출간 3년 만에 두 번째 판을 내놓게 된 것입니다.

　3년이라는 시간 동안 미국 주식에 투자하는 투자자들과 투자 금액은 엄청나게 증가했습니다. 3년 전만 해도 ETF라는 금융상품이 무엇인지 설명하기에도 벅찬 경우가 대부분이었습니다. 지금은 ETF를 잘 모르는 분이라 해도, 미국 주식에 대해 이야기하면 SPY나 QQQ라는 이름을 한 번쯤 들어봤다고 할 정도로 분위기가 변했습니다. (혹시나 싶어 말씀드리자면 두 가지 모두 유명한 ETF 상품들입니다.) 예전에는 ETF를 소개하려면 "내가 죽으면 10%는 국채에, 90%

는 ETF에 투자하라고 아내에게 유언했다"라는 워런 버핏의 말을 인용하며 관심을 끄는 것부터 시작해야 했습니다. 이제는 미국 주식 투자 선배들의 이야기를 듣고, 제가 말하기도 전에 먼저 ETF에 관해 물어오는 분이 많습니다. 이런 흐름을 방증하듯, 2021년 4월예탁결제원 발표, 4월 8일~5월 7일 기준 한국인이 가장 많이 산 해외주식이 S&P 500 ETF라는 기사가 보도되기도 했죠 "미국 증시 더 간다" … 서학개미 S&P500 ETF 풀 베팅, 〈조선비즈〉, 2021년 5월 10일. 이 ETF가 바로 SPY란 상품으로 총자산은 무려 3,617억 달러우리 돈 약 403조 원에 달합니다. 미국 시장의 미래를 낙관한다면, 개별 종목뿐 아니라 시장 자체에 투자하려는 경향이 그만큼 보편화된 것입니다.

실제로 대다수 투자 전문가들은 포트폴리오의 다각화를 위하여 ETF를 활용하길 적극적으로 권하고 있습니다. 특히 미국 주식 투자자라면 포트폴리오에 ETF 한두 개쯤 담는 것이 필수라 할 정도입니다. 이처럼 관심이 증대하는 상황에서, 투자 비전을 발전시키려는 서학개미 그리고 이제 막 ETF를 접하기 시작한 주린이의 올바르고 성공적인 주식 투자를 돕고자 합니다. 이를 위해 이번 개정판에는 보다 다양한 전략과 포트폴리오를 추가했습니다. 또, 제가 지난 2016년 해외주식 업무를 맡은 이래 오랫동안 연을 맺고 있는 오기석 크래프트 테크놀로지스 홍콩 법인장과 함께 책을 준비했습니다.

그럼 지금부터 다시 시작해보죠. 세계 최고 운용사들의 ETF에서 투자의 답을 찾기 위한 여정을 함께 떠나보겠습니다.

열일안차 안석훈

나도 주식 투자 한 번 해볼까, 한다면
글로벌 ETF부터 시작하라

내가 죽으면 10%는 국채에, 90%는 ETF에 투자하라고
아내에게 유언했습니다. ― 워런 버핏

김경민, 34세, 250명 규모 중견기업 대리. 2년 전 결혼했고 아이는 없다. 남편은 공공기관에서 계약직으로 일하고 있다. 주위 사람들은 맞벌이하는 부부 둘이 먹고사는 데 걱정 없어 좋겠다고들 하지만, 속 모르는 소리다. 남편과 경민 모두 학자금 갚고, 전세금 모으기 바빠 돈을 굴려본 경험이 없는 터, 재테크에 무지한 것이 요즘 최대의 고민이다.

경민의 남편 진영은 요즘 들어 부쩍 아파트 이야기를 자주 한다. 친구 누구는 강북에 작은 아파트를 사둔 것이 시세 차익을 내 쏠쏠한 재미를 봤다고 한다. 신도시 아파트에 입주한 친구의 집값도 2년 새 수억 단위로 올랐단다.

"우리 이제라도 아파트를 알아봐야 하지 않을까?"

남편의 말에 경민은 자신도 모르게 짜증 섞인 말투로 대답하고 말았다.

"요즘 아파트 값이 얼마나 오른 줄 알아? 우리 형편에는 대출도 안 나와."

"그렇긴 한데…, 요즘 다들 주식이고 부동산이고 코인이고, 투자 이야기밖에 안 해. 돈은 굴릴수록 커진다던데 이러다 우리만 뒤처지는 거 아닌가 몰라…."

아직도 주식은 도박이라고 생각하는 당신, 안전 투자에 눈 떠라!

이튿날 점심시간, 경민의 회사 앞 카페. 경민은 입사 동기로 비교적 마음을 터놓는 친구 이 대리에게 푸념을 늘어놓았다.

"나라고 부자 안 되고 싶겠어? 그런데 투자도 있어야 하는 거지, 저축할 돈도 모자란 처지에 무슨 투자야."

그런데 평소처럼 경민의 말에 맞장구를 쳐줄 줄 알았던 이 대리의 반응이 의외였다. 경민의 편을 드는 것이 아니라, 오히려 진지하게 묻는 것이었다.

"그럼 너흰 투자는 전혀 안 해?"

"투자? 무슨 투자?"

"아니, 주식이라든가…."

"주식 잘못하면 패가망신인 거 몰라? 우리 삼촌도 주식하다 집 한 채 말아드셨어요. 자고로 우리 같은 개미는 주식에 손대는 거 아니야."

"적금 금리가 0%대인 21세기에도 이런 생각을 하는 애가 다 있네. 물론 국내 주식은 네 말이 어느 정도는 맞아. 기관이니 수급이니, 이런 걸 개미가 어떻게 알겠어. 기술적 분석이니 퀀트 투자니 하지만 직장인이 그런 거까지 신경 쓰며 매매하기엔 너무 힘들기도 해.

그런데 미국 주식은 달라. 그중에서도 ETF는 진짜 신경 쓸 게 없어. 펀드와는 다르게 주식 계좌를 통해 직접 거래되는 데다, 적은 금액으로도 우량한 상장 종목들에 전방위적으로 투자할 수 있어서 수익률이 안정적이야. 나도 여유 자금을 적금 대신 스파이에 투자하고 있는데 최근 1년 동안 무려 40%가 넘는 수익이 났으니 은행 하고는 비교도 안 되는 걸."

"뭐라고? 스파이…, 뭐?"

경민의 물음에 이 대리가 어깨를 으쓱하며 되물었다.

"S&P 500이라는 건 들어봤지?"

"미국의 주가 지수 아니야? 근데 그게 왜?"

"간단하게 설명할게. 스파이는 S&P 500 지수 종목에 섹터별로 골고루 투자하는 ETF의 이름이야. S&P 500 지수 자체를 추종하기 때문에 요즘처럼 미국 주식이 오르면 자연히 스파이도 오르게 되지. 그런데 중요한 건 미국 주식이 무려 120년 넘게 꾸준히 올랐다는 거야. 대공황이나 금융 위기, 심지어 코로나19 쇼크 등등의 조정기를 거쳤어도 계속해서 상승했어. 앞으로도 미국이 망하지 않는 한 미국 주식은 계속 상승할 거고, 그럼 스파이 ETF 또한 꾸준히 오를 수밖에 없지."

이 대리의 이야기에 경민의 귀가 솔깃해졌다. '미국 주가 지수와 같이 움직인다면, 적어도 손해를 볼 위험은 없지 않을까?'

난생처음 주식 투자자를 위한
아주 특별한 개인 강습

이 대리를 만나고 온 경민은 인터넷 창에서 'ETF'를 검색했다. 그러나 인터넷에 알려진 내용만으로는 쉽게 이해되지 않았다. 읽어도 아리송할 뿐이었다.

'한 번 연락이나 해볼까? 밑져야 본전인데.'

경민은 이 대리가 잘 아는 선배라며 조언을 구해보라고 알려준 주소로 메일을 쓰기 시작했다. 인터넷에서 '열일안차'란 닉네임으로 유명한 해외 주식 전문가였다.

… 실은 주식 같은 거에 전혀 투자해본 경험이 없어요. 부끄러운 일이지만, 얼마 전 결혼하고 나서야 재테크에 관심이 좀 생겼습니다. 그런데 부동산에 투자하자니 기초 자본이 없고, 주식에 투자하려니 아는 게 없어 두려워서요. 마침 친구에게 스파이인가 하는 ETF 이야기를 듣고 연락드렸습니다.

잠시 후, 열일안차로부터 답신이 도착했다.

전혀 부끄러운 일이 아닙니다. 많은 분이 재테크에 관심을 가지게 되는 가장 큰 계기가 바로 결혼과 출산이죠. 지금부터 시작하셔도 늦지 않습니다.

100세 시대, 앞으로 경민 씨에게 60여 년의 여생이 남았다고 할 때, 중요한 건 큰돈을 버는 것이 아니라 안정적으로 제2의 월급을 창출해내는 것입니다. 직장인이 본업에 지장을 받지 않으면서, 앞으로 50년간 점점 더 큰 수익을 안겨줄 파이프라인을 구축하는 데는 글로벌 ETF만 한 것이 없습니다. 특히 초보자라면 개별기업에 투자하는 것보다는 ETF에 안전 투자하는 것으로 주식을 시작해보길 추천합니다.

'앞으로 50년을 갈 제2의 수입원이라⋯.'

경민은 이 대리가 보여준 스파이 ETF의 지난 5년간 상승 그래프를 떠올렸다. 재테크라면 막막하기만 했던 머릿속에 한 줄기 빛이 비치는 느낌이었다. 어쩌면 그 빛 속에 답이 있을지도 모를 일이었다. 경민은 한 발짝 더 내디뎌보기로 결심했다. "한번 만나 뵙고 궁금한 점을 더 여쭤봐도 될까요?" 이렇게 다시 메일을 쓰고 몇 분 후, 열일안차에게서 답신이 도착했다.

물론입니다. 이 대리와 막역한 사이라니, 저도 최대한 도움이 되어 드리고 싶습니다. 이번 주 토요일에 제 사무실로 오시죠.

이렇게 두 사람의 특별한 ETF 수업이 시작되었다.

CONTENTS

PART 1

개미가 주식으로 부자되는 가장 쉽고 확실한 지름길

PART 2

전문가의 포트폴리오를 복사하라! ETF 투자 전략 완벽정리

PART 3

당신이 찾던 최고의 ETF, 여기에 다 있다! 글로벌 ETF 마스터하기

PART 01

개미가 주식으로 부자 되는
가장 쉽고 확실한 지름길

세계 1% 투자 천재들의 무조건 돈 버는 투자란?

글로벌 ETF 하면 낯설어하는 사람이 많다. 그러나 ETF는 미국 주식 시장이 지난 120년 역사 속에서 만들어낸 최고의 금융상품 중 하나이다.

안녕하세요. '열일안차' 안석훈, '글로벌 ETF 마스터' 오기석입니다.

지금부터 글로벌 ETF에 관한 강좌를 시작하려 합니다. 초보 투자자분은 물론이고, 베테랑 투자자라 하셔도 아마 전에 들어본 적 없는 내용일 것입니다. 이 책은 김경민이라는 가상의 인물에게 저희가 ETF를 강의하는 방식으로 구성됩니다. 독자 여러분이 경민 씨가 되어 개인 강습을 받는다는 느낌으로, 저희 이야기를 따라와 주시길 부탁드립니다.

세계 1%의 투자 천재, 혹은 전 세계 투자자들에게 영감을 주는 투자 구루guru, 스승로는 어떤 분들이 있을까요? 저에게 두 명을 선택할 기회를 준다면 워런 버핏Warren Buffett, 1930~과 존 보글John Bogle, 1929~2019, 뱅가드 그룹 창립자을 꼽고 싶습니다.

'오마하의 현인버핏은 오마하에서 평생을 살며 현재까지 약 370억 달러, 우리 돈 44조 원가량을 지역에 기부했다'이라고도 불리는 워런 버핏은 가치투자의 달인입니다. 그의 투자 회사 역할을 하고 있는 버크셔 해서웨이를 통해 다양한 종목에 장기 투자하고 있고, 엄청난 누적수익을 기록 중입니다. 그의 다양한 투자 철학 중에서도 가장 널리 알려졌으며 또한 투자자들에게 깊은 감명을 주는 것은 "자신이 잘 아는 종목에 장기 투자하라"라는 조언일 것입니다. 버핏은 이렇게 말했습니다.

"자신이 잘 아는 종목에 장기 투자하라. 만약, 그럴 자신이 없다면 □□□□□에 분할 투자하라."

그런가 하면 존 보글은 다음과 같은 말을 남겼습니다.

"수수료 등 비용을 최소화할 수 있는 □□□□□가 최선의 투자 대상이다."

노벨 경제학상을 수상한 폴 새뮤엘슨Paul Samuelson, 1915~2009도 이렇게 말한 바 있습니다.

"□□□□□ 개발은 바퀴와 알파벳 발명만큼이나 가치가 있다."

역사적인 투자 천재들의 말에 공통적으로 들어가는 다섯 글자, 이것은 무엇일까요? 한번 맞춰보시죠.

경민 음, 어떤 주식…? 아니면 펀드가 아닐까요?

정답은 인덱스펀드입니다.

2017년 5월 6일, 미국 네브래스카 주 오마하Omaha, Nebraska에서 버크셔 해서웨이Berkshire Hathaway 주주총회가 열렸습니다. 저도 그 자리에 갔었는데요, 이 날 참석한 주주 중 한 명이 이 회사의 회장이자 CEO인 워런 버핏에게 다음과 같은 질문을 했습니다.

"당신은 당신의 부인에게 어떤 유언을 남길 건가요? 인덱스펀드에 투자하라고 할 건가요, 아니면 버크셔 해서웨이 주식을 계속 보유하라고 할 건가요?"

버핏은 이렇게 대답했습니다.

"(나는 이미 작성해놓은) 유서에 내가 죽은 뒤 부인에게 남겨진 돈은 국채 매입에 10%를 투자하고, 나머지 90%는 전부 (수수료율이 아주 낮은) S&P 500 인덱스펀드에 투자하라고 썼습니다."

버핏은 이미 2013년 버크셔 해서웨이 연례보고서에 담긴 주주서한에서 위와 같은 유언 내용을 공개했는데요, 오래전부터 인덱스펀드가 일반 투자자에게 가장 합리적인 투자라고 말해왔습니다.

또 다른 재미있는 이야기도 있습니다.

지난 2007년, 미국 뉴욕의 헤지펀드 운용사인 프로테제 파트너스Protégé Partners와 워런 버핏이 내기를 하기로 했는데요, 향후 10년간 헤지펀드와 인덱스펀드 중 어떤 상품이 더 높은 수익률을 내는지가 내기의 내용이었습니다. 수수료가 지나치게 높은 헤지펀드의 관행을 비판해왔던 워런 버핏은 인덱스 펀드의 수익률이 더 높을 것이라는 쪽에 베팅했습니다.

프로테제 파트너스와 워런 버핏이 각각 32만 달러의 투자원금을 가지고 2008년 1월 1일부터 시작한 이 세기의 대결은 2017년 12월 29일, 뉴욕 증시 마지막 거래일을 기준으로 워런 버핏의 압승으로 끝났습니다.

프로테제 파트너스가 선택한 5개 헤지펀드의 연평균 수익률이 2.2%를 기록한 반면, 워런 버핏이 선택한 인덱스펀드의 연평균 수익률은 7.1%를 기록했던 것입니다.

경민　저는 그런 내기가 있었던 줄도 몰랐어요. 확실히 흥미로운 이야기이긴
　　　하네요. 그런데 워런 버핏이 말하는 인덱스펀드와 제가 궁금해하는
　　　ETF가 무슨 상관이죠?

여기서 말하는 인덱스펀드Index Fund란 특정 주가 지수의 수익률과 동일하거나 유사한 수익률을 달성할 수 있도록 포트폴리오를 구성, 운용함으로써 시장의 평균 수익을 실현하는 것을 목표로 설계되고 운용되는 펀드입니다. 그리고 이러한 인덱스펀드의 성격을 지닌 대표적인 상품이 ETF입니다. 참고로 워런 버핏이 앞서 주주서한과 수익률 내기에서 선택한 ETF는 '뱅가드Vanguard S&P 500 ETF'라는 상품으로 미국의 대표적인 주가 지수인 S&P 500을 추종합니다.

왜 모두 ETF에 주목할까

ETF는 다음과 같이 여러 장점을 가지고 있습니다.

첫째, 주식 시장에 상장되어 있어 사고팔기가 쉽고, 펀드와 비교할 때 수수료가 3분의 1 수준으로 상당히 저렴합니다.

둘째, 시장과 산업의 대표 기업이나 지수를 따르기 때문에 잘못된 종목을 선택하여 발생할 수 있는 투자 손실을 피하고 분산 투자의 효과를 얻을 수 있습니다.

셋째, ETF를 이용하면 4차 산업혁명, 미국의 자국 경제 우선주의 등 시장 현황이나 특정 산업의 전반적인 흐름에 대해 빠른 대응이 가능합니다.

넷째, 단돈 1만 원의 적은 금액으로도 아마존이나 삼성전자와 같은 세계적인 기업에 투자할 수 있고, 주식과 채권 외에도 금과 농산물 그리고 원유 등 전 세계 모든 자산에 투자하는 효과를 얻을 수 있습니다.

경민 정리하면 이렇겠네요!

❶ 주식처럼 사고팔기가 쉽다.

❷ 펀드와 비교해 수수료가 매우 저렴하다.

❸ 분산 투자로 투자 위험이 적다.

❹ 최근 트렌드와 이슈에 빠르게 대응할 수 있다.

❺ 적은 금액으로 전 세계 모든 자산에 투자가 가능하다.

맞습니다. 특히 워런 버핏이 ETF를 강추하는 이유는, 투자자 입장에서 ETF

가 지수에 따라 시장수익률을 추구하면서도 분산 투자 효과로 인해 리스크가 적고, 매매에 따른 비용이 저렴하여 장기 투자 관점으로 볼 때 가성비가 가장 뛰어나기 때문이에요.

이쯤 되면 ETF가 점점 더 궁금해지실 겁니다. 여기서 잠깐! 본격적으로 ETF 공부를 시작하기에 앞서, 우리 같은 평범한 투자자들이 ETF를 알아야만 하는 이유에 관해 조금 더 짚어보겠습니다.

당신의 투자가 실패하는 5가지 이유

주식 시장이 연일 호황인데 내가 들어가는 종목마다 하락이라고? 마음 잡고 공부해서 투자하니 오히려 수익률이 떨어진다고? 이번 장의 5가지 환상 중 하나라도 가지고 있다면 투자자로서의 자신을 재점검해야 한다! 이번 장에서 '투자 사고의 안전장치'를 장착해보자.

경민　궁금한 게 있어요. 요즘 주위를 둘러보면 주식을 안 한다는 사람이 없어서 저도 한 번 해볼까 싶다가도 "시장은 최고가를 경신했는데, 정작 나는 잃었다"는 사람도 많아서 망설여집니다.

　버는 것보다 중요한 것이 잃지 않는 것이죠. 어떤 투자든 잃지 않는 것이 우선이란 측면을 간과하고 더 빨리, 더 많이 버는 데만 치중하다 보면 이성의 균형을 잃고 잘못된 선택을 할 수 있습니다. 주식 시장이 워낙 호황이다 보니 자칭 타칭 '주린이주식+어린이'들이 크게 늘어났는데, 이 분들에게 ETF로 투자하는 방법을 알려드리기 앞서서 '주식 투자로 잃지 않는 기본'부터 말씀드리고 싶습니다.

　지금부터 이야기하는 5가지 투자의 환상만 경계하여도 위험한 투자의 길에 들어서는 일을 방지할 수 있을 것입니다.

첫째, 단타에 대한 환상

"차트를 잘 보니까 이번엔 느낌이 온다."

"지난번에 이 종목 들어갔으면 지금 30%는 벌었을 텐데!"

"친구야, 그 종목 아직도 들고 있니? 오를 때 털고 수익 실현했어야지."

이런 이야기들, 혹시 많이 하거나 많이 들어보았나요? 아니면 본인의 이야기 같은가요? 주식 시장의 등락은 변덕이 심해서 아주 노련한 투자자들도 그 타이밍을 잡기가 어렵습니다. 투자 업계에서는 소위 '마켓 타이밍'이라고들 말하는데, 마켓 타이밍에 따라 투자하기란 불가능에 가깝다는 건 잘 알려진 이야기죠.

주변에 단기적인 시장의 시그널을 잘 알아차려서 투자한 사례가 있을지 모르지만, 사실 그런 일은 극소수이고 설사 한두 번 그런 성공이 있었다 해도 아주 운 좋은 경우이기 쉽습니다. 단언컨대, 우리 같이 평범한 대다수 투자자는 마켓 타이밍을 잡을 수 없습니다.

이유가 뭘까요? 대체 왜 이렇게 마켓 타이밍을 잡기가 힘든 것일까요? 최근 들어 대두하고 있는 행동경제(재무)학Behavioral finance은 인간의 투자 의사결정이 '비합리적'이라고 가정합니다. 기존의 전통적인 경제·재무 이론들이 '합리적인 인간'을 가정하고 있는 것과는 상반되죠. 행동경제학에 따르면 우리의 투자 의사결정이 비합리적이기 때문에 시장에 과열과 버블이 발생하며, 이어서 버블이 사라지는 과정들이 주기적으로 나타나게 됩니다. 결국 시장 참가자들의 욕망Greed이 과도한 시장 변동성을 조성하고, 그 과정에서 단기 투자에 기반한 의사결정은 많은 실패를 볼 확률이 높아집니다.

이 책을 읽으시는 독자분들께서도 단타에 대한 환상은 접어두시는 것이 투자의 성공확률을 높이는 방법입니다.

둘째, 전업투자에 대한 환상

최근 주식 시장의 수익률이 워낙 좋다 보니 특히 투자 초년생들, 아직 20~30대 연령의 투자자들 중에도 전업투자를 고민하는 분이 꽤 많이 보입니다. 초저금리 시대에 월급은 잘 오르지 않는데, 주변에 지인들이 투자를 통해 큰돈을 벌었다는 이야기가 간간이 들려오니 "나도 그렇다면 시드머니를 마련해서 회사를 그만두고 투자를 하겠다" 같은 생각이 들 수도 있습니다. 전업투자라는 선택지를 진지하게 고려 중인 독자가 계시다면, 저는 이런 조언을 드리고 싶습니다.

저금리 기조가 장기적으로 이어질수록 월급의 가치는 더 커지게 됩니다. 월급을 그냥 월급으로 생각하는 것이 아니라, 채권 혹은 정기 예금에 투자하고 받는 이자라고 생각해보세요.

예를 들어서 5천만 원 연봉인 직업을 가지고 있다 해봅시다. 금리 1%짜리 정기예금에 넣어 연 5천만 원의 이자를 받으려면 50억 원의 예금 규모가 필요합니다. 연봉이 1억이라면 100억짜리 정기예금에서 나오는 이자를 받는다고 생각하면 됩니다. 이렇게 바꾸어 보면 연봉의 가치가 새삼 실감되겠죠?

투자에 있어서 중요한 것은 장기적으로 꾸준히 투자하는 것이고, 장기 투자를 위해서는 안정적인 연봉을 받는 직장이 굉장히 중요할 수 있습니다. 가능하면 오래도록 일하며 꾸준히 현금 흐름을 만들어내는 것이 투자에 큰 도움이 됩니다.

셋째, 시드머니에 대한 환상

투자를 시작하면 종종 다음과 같은 생각에 빠져들게 됩니다.

'내가 종목은 잘 골라서 수익률은 너무 좋은데 투자 금액이 너무 적었어. 100만 원이 아니라 1000만 원, 1000만 원이 아니라 1억 원을 투자했더라면 훨씬 더 큰 수익을 얻을 수 있었을 텐데.'

'1억 원을 모으기 전에는 투자하지 않을 거야. 시드머니를 만들어서 그때부터 투자해야지.'

소위 종잣돈에 대한 아쉬움입니다. 그러나 이기는 투자에서 가장 중요한 요인은 시드머니가 아닌, '시간' 그리고 '복리효과'입니다. 그러므로 "종잣돈부터 마련하고 투자하겠다"라는 식의 접근보다는 "지금 내가 가진 여유자금을 계속해서 투자하다 보면 종잣돈이 생긴다"라는 접근 방식이 훨씬 더 유용할 수 있습니다.

종잣돈이 모이는 5년, 3년 뒤를 기약하기보다는 당장 오늘부터 투자하는 습관을 들여야 합니다.

넷째, 국내 투자에 대한 집착

국내 투자에 대한 집착은 한국 투자자들만 가지고 있는 특징은 아닙니다. 해외 투자자들도 각각 그들 나라의 주식 혹은 채권 상품 위주로 투자하는 경우가 많습니다. 영어로는 '홈 바이어스home bias, 자국편향가 있다'고 표현합니다. 투자자 본인에게 좀 더 익숙한 국내 투자 자산 위주로 포트폴리오를 채워나가는 것은 '비합리적인 투자자를 가정하는 행동경제(재무)학' 관점에서 보면 전혀 이상할 것이 없습니다.

하지만 투자의 핵심 중 하나가 다양한 자산에 투자해서 포트폴리오의 위험변동성은 줄이되 수익은 늘리는 것이라고 한다면, 국내 투자 자산에만 투자하는 것은 적절한 자산 배분이 아니라고 하겠습니다.

한국 주식 시장이 글로벌 시장에서 차지하는 비중은 약 2% 내외입니다. 다시 말해, 98%의 시장에서 만들어낼 수 있는 투자 기회를 무시하는 셈입니다. 국내와 해외의 적절한 분산 투자를 통해 훨씬 더 안정적인 투자 포트폴리오를 구성할 수 있습니다.

다섯째, 투자 본질에 대한 간과

투자의 본질은 무엇일까요? 다양한 측면에서 논의될 수 있지만, 간단히 제 생각을 밝혀보겠습니다. 저는 '투자의 본질은 단기적으로 수익률을 달성하기 위한 투기적인 투자에서 벗어나, 명확한 투자 목표를 가지고 장기적으로 포트폴리오를 꾸리는 것'이라고 생각합니다.

단기적인 등락 혹은 단타 매매를 통한 중독성 있는 재미를 찾는 것이 아니라, 꾸준한 투자를 통해 결과적으로 각 투자자들이 재무적인 상황에서 자유를 누리는 것이야말로 진정한 투자의 목적이 아닐까요?

자신이 꿈꾸는 투자의 목적이 무엇인지를 먼저 생각해보십시오. 예를 들어 은퇴자산 마련, 내 집 마련, 경제적 독립 추구 등 어떤 목적을 가지고 투자할지를 결정한다면 훨씬 더 편안한 마음으로 투자 생활에 임할 수 있을 것입니다.

제 시드머니는 300만 원이 전부인데요 : 슈퍼 개미로 가는 첫걸음

적은 금액으로도 전 세계 주식과 채권, 각국의 시장에 한꺼번에 투자할 방법이 있다. 훌륭한 투자의 기본이 자산 배분이라면, ETF는 그 점에서 최적화된 선택지이다.

경민 다섯 가지 환상 중, 제 입장에선 두 가지가 충돌하는 것 같아요. 시드머니에 신경 쓰지 말고 오늘부터 당장 시작하라고 하셨는데, 사실 제가 굴릴 수 있는 시드머니는 300만 원 남짓이거든요. 그런데 국내 투자에만 집착하지 말고 투자 자산을 배분하라고 하셨잖아요? 겨우 300만 원으로 의미 있는 분산 투자가 될지 의문이에요. 자잘하게 한 주, 두 주 사느니 아예 한 종목에 올인해야 하는 건 아닌지 고민도 되고요.

300만 원의 시드머니가 작다고요? 300만 원이면 전 세계에 있는 모든 주식, 모든 채권에 투자하기에 충분한 금액입니다. 어떻게요? ETF를 통하면 가능합니다. 글로벌 초대형 투자기관들의 자산 배분도 300만 원이면 복제할 수 있습니다.

4종류의 ETF를 통해 글로벌 포트폴리오를 구성해볼까요? 대표적인 ETF 운용사인 뱅가드Vanguard의 상품을 사용한다면 간단하게 글로벌 자산 배분을 수행할 수 있습니다.

투자자들마다 다른 위험 성향을 바탕으로 주식과 채권의 투자 비중을 결정하고 나면(파트 2를 참조), 그다음엔 미국과 미국을 제외한 글로벌로 나누는 방식으로 포트폴리오를 구성하면 됩니다. 그러면 간단하게 전 세계 모든 주식과 모든 채권에 투자할 수 있습니다. 300만 원이 아니라 100만 원만 가지고도 가능한 방법입니다. 생각보다 어렵지 않죠?

이 책을 통해 앞으로 수만 종목의 주식과 채권에 한꺼번에 투자하는 방법, 전 세계에서 가장 성장이 촉망되는 산업 분야의 주요 기업들을 한 번에 담는 방법, 원하는 테마와 나의 투자 성향 및 관심사에 최적화된 포트폴리오를 얻는 방법 등을 차근차근 배울 수 있을 것입니다. 중요한 사실은, 세계 유수의 운용사들이 이런 놀라운 일이 가능하도록 모든 준비를 갖춰놓았다는 것입니다!

뱅가드 사의 4가지 ETF로 전 세계 채권과 투자에 한 번에 투자하는 포트폴리오

*비중은 예시 목적임

자산군	하위 자산군	활용 ETF	자산 배분 비중		
			주식 0 채권 100	주식 40 채권 60	주식 60 채권 40
주식	미국 주식	**VTI** (미국 주식)	0.0%	23.5%	35.3%
	미국 외 주식	**VXUS** (해외 주식)	0.0%	15.7%	23.5%
		소계	0%	39.2%	58.8%
채권	미국채권	**BND** (미국 채권)	68.6%	41.2%	27.4%
	미국 외 채권	**BNDX** (해외 채권)	29.4%	17.6%	11.8%
		소계	98%	58.8%	39.2%
현금	머니마켓 펀드		2.0%	2.0%	2.0%

- **VTI** : Vanguard Total Stock Market ETF / 미국 주식에 투자하는 ETF

- **VXUS** : Vanguard Total International Stock ETF / 미국 외 주식에 투자하는 ETF

- **BND** : Vanguard Total Bond Market ETF / 미국 채권에 투자하는 ETF

- **BNDX** : Vanguard Total International Bond ETF / 미국 외 채권에 투자하는 ETF

지금 전 세계 투자의 가장 큰 트렌드

압도적으로 성장하고 있는 ETF 시장! 국내 상장된 해외 ETF와 해외에 상장된 글로벌 ETF 시장의 현황을 살펴보면, 이제 대세가 된 ETF 열풍을 실감할 수 있을 것이다.

주식에 관한 콘텐츠를 지난 수년간 꾸준히 만들어왔는데, 요즘처럼 해외 투자에 대한 관심이 뜨거운 적은 없었습니다. 해외 투자에 대한 관심이 폭발적으로 커지면서 해외 기업에 투자하는 ETF에 대한 투자도 크게 늘어나고 있습니다.

해외 기업에 투자하는 ETF는 크게 국내에 상장되어 있는 ETF와 해외 주식 시장에 상장되어 있는 ETF, 이렇게 2가지가 있어요. 편의상 여기서는 전자를 '해외 ETF'라고 칭하고, 후자를 '글로벌 ETF'로 칭하겠습니다.

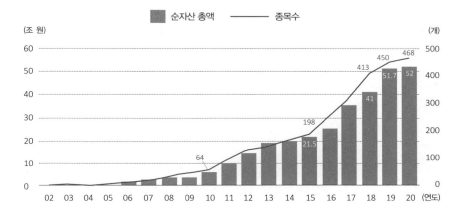

우리나라 ETF 시장 순자산총액 및 종목수 추이

자료 : 한국거래소, 〈ETF 시장 순자산총액 및 종목수 추이〉

해외 기업에 투자하는 국내 상장 ETF : 해외 ETF

해외 ETF 거래의 경우, 지난해2020년 2배 가까이 증가한 것으로 확인됩니다. 한국거래소가 발표한 자료에 따르면 2020년 국내 시장에 상장된 ETF 시장 규모는 52조 원으로, 전년 대비 3천억 원이 증가했고, 종목수는 18개 늘어난 468개였습니다. 일평균 거래대금이 3조 8천억 원으로 전년 대비 188% 넘게 급증했고, 개인 투자자 비중이 전년 대비 4% 늘어나 43%를 기록했습니다. 동학개미 운동으로 ETF 시장도 그야말로 전성 시대를 구가하고 있는 것이죠.

재미있는 지점은 외국인 비중이에요. 37.8%로 전년 대비 10%포인트 가까이 증가해 외국인 비중이 감소한 주식과는 반대 양상을 보였습니다.

경민 외국인의 국내 ETF 시장에 대한 관심을 알 수 있는 대목이군요.

네, 그렇습니다. 유형별로 확인해보면 국내주식형 ETF가 57.6%로 전년 대비 11.4%포인트 줄어든 반면, 해외주식형 ETF가 2배 가까이 늘어난 8.1%를 차지했습니다. 국내채권형 ETF도 10.6%로 전년 대비 3.3%포인트 늘어났어요. 그만큼 해외 ETF에 대한 관심과 투자가 증가한 것을 확인할 수 있죠.

한편, 국내 ETF 시장은 글로벌 ETF 시장의 트렌드를 따라가고 있습니다. 과거 국내 주식 위주의 단편적이었던 ETF 종목들이 현재는 미국, 아시아, 유럽을 비롯해서 다양한 테마 전략까지 다루며 채권 및 상품 ETF들도 다채롭게 등장하고 있습니다. 이런 면에서 투자자들의 편의가 늘어나고 있다고 생각합니다.

해외 주식 시장에 상장되어 있는 ETF : 글로벌 ETF

현재까지 국내 투자자들의 글로벌 ETF에 대한 정확한 통계자료는 없는 상황이지만 연간 결제규모 기준으로 상위 50개 해외주식 종목 현황을 통해 어림잡을 수 있어요.

2020년 해외주식 매매 상위 50개 종목의 연간 매매금액이 1,086억 달러인데, 2019년 해외주식 매매 상위 50개 종목의 연간 매매금액이 182억 달러였으니 1년 만에 6배 증가했습니다.

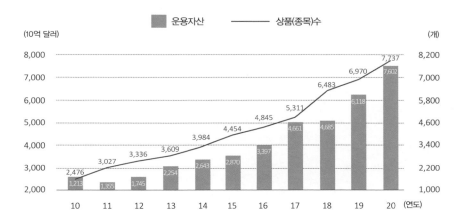

최근 10년간 전 세계 ETF 시장 추이

자료 : ETFGI data, 2020년은 12월 20일 기준

또한, 상위 50개 종목 중 ETF 종목수는 2020년 13개로 2019년 25개와 비교할 때 절반 수준으로 줄었지만, 매매금액은 188억 달러로 2019년 72억 달러와 비교할 때 2.5배 이상 늘어났습니다.

그렇다면 전 세계 ETF 시장은 어떨까요? 2010년부터 2020년까지 최근 11년간 글로벌 ETF 시장을 살펴보죠.

경민 2010년에 비해 2020년에는 상품수 3.1배, 운용자산 6.4배 성장했네요.

그렇습니다. 1993년 세계 최초의 ETF가 상장된 이래 글로벌 ETF 시장은 2008년 세계 금융위기 이후 본격적으로 성장하기 시작하여 연평균 20%가 넘는 운용자산 증가세를 보여왔습니다. 특히 2017년에는 운용자산이 전년 대비 무려 37% 증가했는데 이는 글로벌 증시의 활황세와 함께 4,640억 달러의 자금이 글로벌 ETF에 유입된 결과였습니다. 2019년에도 전년 대비 30% 넘는 증가세를 보였고, 2020년에는 코로나 19 팬데믹에도 불구하고 20% 이상 늘어났어요. 전 세계 ETF 시장의 성장세는 여전히 진행형인 상황입니다.

글로벌 ETF,
이것이 궁금하다

미국 주식 투자, 하면 글로벌 ETF가 빠지지 않는 이유는 무엇일까? 그리고 ETF에서 말하는 레버리지와 인버스란 무슨 뜻일까?

경민 그런데 이 대리는 왜 글로벌 ETF 이야기를 하면서 미국 주식만 언급했을까요? 미국 말고 다른 나라에도 ETF가 많을 텐데요.

앞서 국내 ETF 시장과 전 세계 ETF 시장의 규모를 확인했습니다. 이어 전세계 ETF 시장에서 국가별 상품수와 운용자산 비중을 분석해보면 미국 주식 시장에 상장되어 있는 ETF가 가장 높은 비중을 차지하고 있는 걸 알 수 있습니다. 참고로 글로벌 시장에서 한국 ETF 시장은 종목수는 6위(아시아 1위), 순자산총액은 12위(아시아 5위), 일평균 거래대금 3위(아시아 2위)를 차지하고 있습니다.

다음 그림을 보시죠. 특히 운용자산의 경우, 전체의 70% 가까이를 미국 주식 시장에 상장된 ETF가 차지하고 있는 게 보이죠? 따라서 이 책에서 지칭하

전 세계 ETF 상품수 비중

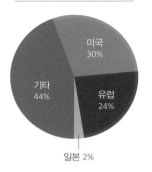

자료 : ETFGI data

전 세계 ETF 운용자산 비중

자료 : ETFGI data

는 글로벌 ETF는 "미국 주식 시장에 상장되어 있는 ETF"로 한정하기로 하겠습니다.

경민 미국 시장에 한정된다면 글로벌이란 말이 무색하지 않을까요?

앞서 말했듯 ETF는 주식과 펀드의 장점을 두루 갖춘 금융상품으로, 분산 투자가 가능하면서도 거래비용이 적게 들고, 증권거래소에서 주식처럼 쉽고 편리하게 거래할 수 있는 펀드의 일종입니다. 미국 시장에 상장된 ETF라고 해도 미국 주식뿐만 아니라 전 세계 주가 지수와 섹터, 원자재 등 다양한 자산군에 투자하고 있는 상품이 많습니다. 그렇기 때문에 더욱 매력적인 투자처이기도 합니다. (21페이지로 돌아가서 ETF의 다섯 가지 장점을 다시 한 번 읽어보시길 권합니다.)

ETF의 특성

펀드
• 분산 투자
• 투명한 성과
• 투자종목 공개

주식
• 실시간 거래
• 빠른 환금성

ETF
주식처럼
매매하는
인덱스펀드

ETF의 개념, 다시 한번 정리하기

그럼 이제 ETF의 개념을 한 번 더 정리하고 넘어갈까요?

ETF는 증권거래소에서 주식처럼 쉽고 편리하게 거래할 수 있는 펀드의 하나로, 대부분 특정 지수를 추종하도록 만들어진 펀드입니다. 이에 우리 말로는 '상장지수펀드'라고 하죠. 참고로 영문약자인 ETF는 익스체인지 트레이디드 펀드Exchange Traded Fund의 줄임말입니다.

1993년 1월 미국에서 첫선을 보인 ETF는 2002년 10월에 우리나라에 처음 도입되었습니다. 세계 최초의 ETF는 일명 '스파이티커 SPY'로 불리는 스파이더 S&P 500 ETF 트러스트SPDR S&P 500 ETF TRUST라는 상품입니다. S&P 500 지수를 추종하죠. 이 대리가 경민 씨에게 말했던 스파이 ETF가 바로 이것입니다. 참고로 국내 최초의 ETF는 삼성자산운용의 '코덱스KODEX 200'이라는 상품으로 코스피KOSPI 200 지수를 추종합니다.

글로벌 ETF vs 주식 vs 펀드, 무엇이 다를까?

구분	글로벌 ETF	펀드	주식
시장거래	○	×	○
거래비용	증권사 위탁중개 수수료	총보수(1~3%) 판매 및 환매 수수료	증권사 위탁중개 수수료
세금	양도소득세 + 주민세 (22%)	배당소득세 + 지방소득세 (15.4%)	거래세 (코스피 0.08%, 코스닥 0.23%)
결제일	국가별로 다름. 미국(T+2), 일본(T+3) 등	펀드별로 다름. T+2~T+8	T+2
투명성	자산 구성 내역을 상시 공개	자산운용보고서 등에 운영내역을 공개	없음
전략	다양한 전략 구사가 용이	투자 목표 달성을 위해 일정 수준의 투자 규모가 필요	—

한 가지 더, ETF를 공부하다 보면 레버리지leverage ETF니 인버스Inverse ETF니 하는 말들을 접하게 될 겁니다. 이들 상품은 파생상품에 투자하여 보다 높은 수익을 추구하며 지수가 상승 또는 하락할 때 2~3배의 수익이 가능한 상품들입니다.

레버리지 ETF는 벤치마크 지수의 일간 수익률을 2~3배로 추종하는 것으로, 벤치마크의 상승을 기대할 때 효과적입니다. 인버스 ETF는 벤치마크 지수의 일간 수익률을 역방향으로 추종하는 것으로, 벤치마크의 하락을 기대할 때 효과적이죠. 하지만 기대와 다른 방향으로 벤치마크 지수가 움직일 경우 손실이 커지므로 주의해야 합니다.

경민 음…, 레버리지나 인버스가 붙은 ETF 상품에 투자할 땐 조심해야 하겠네요.

뿐만 아니라, 일별 수익률을 기준으로 하므로 장기 투자 상품으로 적합하지 않습니다. 오늘이 지나면 수익률 예측이 완전히 빗나갈 수 있고 기대와는 다른 결과가 나올 수 있습니다. 실제로 2020년 3월 국제 유가 급락으로 유가 관련 레버리지·인버스 ETF에 투자한 많은 개인 투자자가 큰 손해를 입었습니다. 간단히 말해, 지수가 상승하더라도 레버리지 ETF는 손실이 날 수도 있으니 투자 판단에 주의를 기울여야 합니다.

글로벌 ETF 투자를 위한 기초 공부

ETF는 이름만 읽을 줄 알아도 상품의 특성을 파악할 수 있다. 이외에도 본격적인 투자 전에 알아야 할 기본 상식들에 관해 알아보자.

ETF의 명칭은 간단하지 않습니다. 국내 ETF의 경우도 그렇지만 글로벌 ETF의 명칭을 살펴보면 상당히 길게 표기되어 있습니다. 그것도 한글이 아닌 영어로 말이죠. 하지만 영어라고 겁먹지 마세요. 명칭의 구조만 알아도 그리 어렵지 않게 상품의 특성을 파악할 수 있으니까요.

ETF 명칭의 앞부분은 ETF를 운용하는 운용사의 이름 또는 브랜드, 가운데는 투자 대상이 되는 자산이나 추종 대상이 되는 지수를 뜻합니다.

국내 ETF의 경우 일반적으로 운용사의 ETF 브랜드로 시작해서, 투자하는 대상의 지수명을 넣고, 마지막에는 배당 전략에 관해 표시한 것을 자주 볼 수 있어요. 예를 들어 삼성자산운용은 코덱스KODEX, 미래에셋은 타이거TIGER

라는 브랜드를 사용하는 등 운용사의 명칭과 ETF 브랜드의 명칭이 다른 경우가 종종 있습니다. ETF 브랜드에 이어서는 투자 대상 지수가 표현되는데, 코스피KOSPI 200처럼 대표적인 지수라면 코스피를 제외하고 '200'만 쓰기도 합니다. 마지막으로 배당 전략의 경우, 배당을 지급하지 않고 펀드 내에서 재투자한다면 TRTotal Return이라는 이름을 붙입니다.

국내 ETF 명칭의 구조(예시)

KODEX 200TR
운용사 ETF 브랜드   투자 대상 지수   배당전략

글로벌 ETF 명칭의 구조(예시)

iShares MSCI World ETF
운용사 이름   투자 대상 자산

국내 ETF와 마찬가지로 글로벌 ETF도 명칭의 앞부분은 ETF를 운용하는 운용사의 이름 또는 브랜드, 가운데는 투자 대상이 되는 자산이나 추종 대상이 되는 지수를 표시합니다. 위의 예시와 같이 티커가 "URTH"인 '아이쉐어즈iShares MSCI 월드World ETF'는 ETF 자산운용사인 블랙록이 운용하고 MSCI 월드 인덱스World Index를 추종하는 ETF입니다. MSCI 월드 인덱스는 미국의 모건 스탠리 캐피털 인터내셔널Morgan Stanley Capital International Inc.이 제

공하는 여러 지수 중 미국과 유럽 등 23개 선진국 주식 시장에 상장된 종목으로 구성된 주가 지수입니다.

그럼 레버리지·인버스 ETF의 명칭은 어떨까요?

국내 레버리지·인버스 ETF는 이름 그대로 레버리지, 인버스라는 표현을 많이 사용합니다. 현재 국내 ETF 시장에서 레버리지라 하면 기초 지수 일일 수익률의 2배를 추종하는 2배 레버리지를 의미하며, 인버스의 경우 뒤에 표기가 따로 없다면 -1배, 상품명에 2X라는 표기가 있다면 -2배 인버스를 의미합니다.

국내 레버리지 및 인버스 ETF 이름 해석하기(예시)

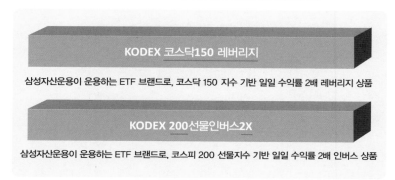

글로벌 레버리지·인버스 ETF의 명칭을 보면 대개 운용사 이름 뒤에 투자 대상 자산이 표기되는데 표기 방식은 상품을 출시한 운용사에 따라 상이합니다.

레버리지 및 인버스 ETF 표기법

구분	레버리지(순방향)		인버스(역방향)		
수익률	3배	2배	1배	2배	3배
글로벌 ETF	Bull 3X	Bull 2X	Bear 1X	Bear 2X	Bear 3X
	3X Long	2X Long	Inverse	2X Inverse	3X Inverse
	UltraPro	Ultra	Short	Ultra Short	UltraPro Short
국내 ETF	-	레버리지	인버스	인버스 2X	-

글로벌 레버리지 및 인버스 ETF 이름 해석하기(예시)

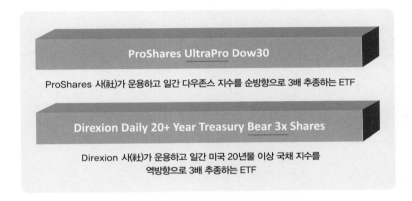

ProShares UltraPro Dow30

ProShares 사(社)가 운용하고 일간 다우존스 지수를 순방향으로 3배 추종하는 ETF

Direxion Daily 20+ Year Treasury Bear 3x Shares

Direxion 사(社)가 운용하고 일간 미국 20년물 이상 국채 지수를
역방향으로 3배 추종하는 ETF

경민   다양한 정보를 담고 있다 해도 이름이 너무 길어요⋯. 애플이나 페이
스북, 월마트 같은 종목은 기업명으로 쉽게 찾아지는 반면, ETF는 명
칭을 외우기도 쉽지 않을뿐더러 유사한 명칭 가운데 제가 원하는 상
품을 찾는 것도 일이겠는데요.

물론 그대로 사용하기에는 상당히 불편합니다. 그래서 글로벌 ETF마다 개
별적으로 갖고 있는 알파벳 3~4자리의 종목코드(티커)를 사용하죠. 경우에 따

라서는 해당 상품의 특성을 잘 나타낼 수 있는 단어를 차용하기도 합니다.

예를 들어 'iShares MSCI World ETF'의 종목코드는 "URTH"입니다. 종목코드와 정식 명칭을 함께 표기하는 경우 "URTH US(iShares MSCI World ETF)"라고 씁니다. 이때 종목코드 뒤에 붙는 'US'는 글로벌 ETF가 상장된 주식 시장의 국적을 뜻하는 것입니다.

글로벌 ETF에도 유의할 점이 있다

다음으로 유의 사항입니다! 다양한 장점으로 많은 관심을 받고 있지만, 글로벌 ETF 역시 100% 좋은 점만 있는 것은 아닙니다. 글로벌 ETF에 투자할 때 유의해야 할 사항으로 크게 5가지만 짚고 넘어가겠습니다.

첫 번째, 상품 특성상 원금 손실 우려가 있습니다.

ETF는 주식과 마찬가지로 원금 보장이 되지 않습니다. 더불어 주식과 같이 상장폐지될 수도 있죠. 미국의 경우 거래량이 너무 적거나 수익성이 맞지 않으면 수시로 ETF 운용사의 재량에 따라 상장폐지를 결정합니다. 따라서 투자자는 보유 중인 ETF에 대한 공지를 눈여겨보고, 상장폐지가 결정되었다면 상장폐지일 이전까지 시장에서 매도하는 것이 바람직합니다.

두 번째, 상품이 보유 중인 자산구성 내역을 확인해야 합니다.

유사한 이름을 가진 ETF가 많기 때문에 매수하고자 하는 상품의 자산이 투자자 본인이 투자하고자 하는 대상이 맞는지 반드시 체크해야 투자 실패를 줄일 수 있습니다. 예를 들어 이머징 마켓에 투자하는 종류로, 언뜻 명칭이 비슷해 보이더라도 베트남의 비중을 많이 가져가는 상품이 있는가 하면 브라질의 비중을 많이 가져가는 상품도 있습니다.

세 번째, 자산 규모와 거래량이 큰 상품을 선택해야 합니다.

아무리 투자 목적에 적합하고 수익률이 높은 상품이더라도 상품의 자산이나 거래량이 적으면 원하는 시점에 매매하지 못해 낭패를 볼 수 있습니다. 따라서 일정 규모 이상의 자산 규모와 풍부한 거래량을 보이는 ETF를 고르는 것이 바람직합니다.

네 번째, 상품과 운용사에 따라 수수료와 보수가 상이하다는 점을 기억해 두세요. ETF는 펀드와 같이 자산운용 및 관리에 필요한 비용을 자산에서 차감합니다. 그리고 유사한 상품임에도 불구하고 수수료와 보수 등 거래비용에 차이를 보이는 경우가 많습니다. 장기 투자한다면 이러한 거래비용이 수익률에 일부 영향을 미칠 수 있으니 투자 이전에 꼼꼼히 살펴봐야 합니다. 참고로 뱅가드 사의 ETF가 상대적으로 저렴한 수수료와 보수를 적용하고 있습니다.

다섯 번째, 추적오차와 괴리율이 큰 상품은 투자 시 신중을 기해야 합니다.

추적오차는 해당 상품이 벤치마크를 얼마나 잘 추종하는지를 뜻하고, 괴리율은 상품이 거래되는 시장 가격과 순자산가치NAV 사이의 차이를 의미합니다. 추적오차와 괴리율이 크다는 것은 운용사의 운용 능력과 상품의 유동성 등에 문제가 있을 수 있음을 뜻하므로, 이런 경우 투자를 피하는 것이 좋겠습니다.

경민 정리하면 이렇겠네요!

❶ 원금 손실의 우려가 있다.

❷ 자산 구성 내역의 확인이 필요하다.

❸ 자산 규모와 거래량이 큰 상품을 선택한다.

❹ 상품과 운용사에 따른 수수료와 보수를 확인해야 한다.

❺ 추적오차와 괴리율이 큰 상품은 신중하게 투자한다.

한 가지 더! 레버리지 ETF를 이용한 장기 투자는 금물입니다! 레버리지 ETF는 단기 투자에 적합한 상품입니다. 앞서 설명한 것처럼 레버리지 ETF는 일간 수익률에 대하여 2~3배수의 수익률을 추구하는 것입니다. 단순히 기간 수익률의 2~3배 수익률을 가져갈 수 있다고 생각하면 큰 오산입니다. 이는 인버스 ETF에도 동일하게 적용됩니다. 따라서 레버리지·인버스 ETF는 시장 흐름을 충분히 이해하고, 데이 트레이딩과 같은 단기 투자 시에 활용하도록 하세요.

운용사를 알면 ETF가 보인다

주요 글로벌 ETF 플레이어들은 각자의 지향하는 철학과 특징을 바탕으로 브랜드 및 상품군을
보유하고 있다. 운용사별 특성에 대해 알아보자.

지금까지 글로벌 ETF의 명칭을 읽는 방법과 투자 시 유의점에 대해 살펴봤습
니다. ETF 투자 전략을 짜기 전에, 마지막으로 필요한 기초 공부는 바로 '운용
사'에 관한 것입니다.

한국 주식 시장에 상장되어 있는 ETF 중 가장 많이 볼 수 있는 상품으로는
코덱스KODEX, 타이거TIGER, 코세프KOSEF가 있습니다. 모두 국내 자산운용사가
보유하고 있는 ETF 브랜드이죠.

경민   신문 경제면에서 본 적이 있는 이름들이네요. 그런데 ETF도 다른 상
품들처럼 브랜드에 따른 특징이 있나요?

물론입니다. '코덱스'는 삼성자산운용의 브랜드로, 유동성이 좋은 코스피

200 및 레버리지·인버스 상품에서 우위를 가지고 있는 독보적인 ETF 브랜드입니다. 미래에셋자산운용에서 운용하는 브랜드인 '타이거'는 경쟁사 대비 다양한 상품군을 통해 투자자들에게 다채로운 투자 경험을 제공하고 있죠. 키움자산운용의 브랜드인 '코세프'는 원·달러 관련 투자 상품을 필두로 하여 레버리지 상품으로의 라인업 확장을 모색하고 있습니다.

글로벌 ETF 운용사들도 마찬가지입니다. 회사가 지향하는 철학과 특징을 바탕으로, 각각의 브랜드 전략 및 상품군을 보유하고 있습니다. 여기서는 주요 글로벌 ETF 플레이어들의 특성에 대해 알아보겠습니다.

전 세계 ETF 시장을 주무르는 운용사는 단 5곳

글로벌 ETF 시장은 5개 자산운용사가 전체 75%의 운용자산을 차지하고 있습니다. 세계 최대의 자산운용사 중 하나인 블랙록BlackRock, Inc., 전 세계 두 번째 ETF 운용사인 뱅가드 그룹The Vanguard Group, Inc., 미국의 독립투자관리 회사인 인베스코Invesco, 은행지주 회사이자 금융서비스 회사인 스테이트 스트리트State Street Corporation, 미국 최대 금융투자 회사 중 하나인 찰스 슈왑Charles Schwab 등이 글로벌 ETF 플레이어 톱top 5입니다.

그럼 본격적으로 글로벌 ETF 운용사에 대해 자세히 살펴볼까요.

주요 글로벌 운용사 현황

출처 : ETFGI data, 2020년 12월 20일 기준

회사명	브랜드명	미국 내 상품수	미국 내 운용자산
블랙록	아이쉐어즈	376개	2조 424억 달러
뱅가드 그룹	뱅가드	81개	1조 5,196억 달러
스테이트 스트리트	스파이더	141개	8,592억 달러
인베스코	인베스코	223개	2,950억 달러
찰스 슈왑	슈왑	25개	2,006억 달러

글로벌 TOP 3 운용사

<u>ETF계의 독보적인 강자, 블랙록</u>

블랙록은 세계 최대의 ETF 운용사입니다. 블랙록은 여러 ETF 운용사들을 인수하면서 규모를 키워 지금의 세계 최대 ETF 브랜드인 아이쉐어즈 iShares를 일궈냈습니다.

2020년 12월 기준으로 블랙록의 ETF 운용자산은 미국에서만 2,400조 원이 넘습니다. 다른 운용사 대비 독보적인 규모를 갖추고 있어서 많은 기관 투자자의 관심을 받고 있죠. 미국을 포함한 글로벌 시장의 다양한 지수를 활용

하여 상품을 개발 및 운용하고 있는데 대표적인 상품은 IVV US iShares Core·
S&P 500 ETF로 자산 규모가 약 330조 원에 달합니다.

블랙록은 미국뿐 아니라 글로벌 상품을 많이 보유하고 있어 경쟁사 대비 투
자자들의 선택지를 늘려준다는 장점이 있지만, 경쟁사 대비 상대적으로 높은
운용보수를 부과한다는 것이 단점입니다.

인덱스펀드의 창시자, 뱅가드 그룹

블랙록의 뒤를 쫓는 글로벌 2위 ETF 운용사는 '인덱스펀드'의 아버지로 불
리는 존 보글 John Bogle이 창업한 세계 최대의 패시브 운용사인 뱅가드 그룹입
니다. ETF 브랜드는 뱅가드 Vanguard입니다.

투자자들이 지불하는 비용이 적을수록 투자자들이 얻는 보상이 커진다는
관점에서, 개별 주식을 발굴해서 투자하는 것보다 장기적으로 시장 전체의 시
가총액 기준에 따라 투자하는 것이 낫다는 창업자의 투자 철학에 따라 인덱
스펀드를 통해 투자자들에게 최선의 혜택을 제공하고자 합니다. 인덱스펀드
의 상장 형태인 ETF 시장에도 공격적으로 진출하고 있죠.

아이쉐어즈와 비교하면 상품의 종류가 상대적으로 적은 편이지만 VTI US
Vanguard Total Stock Market ETF과 같은 상품을 필두로, 저렴한 운용보수를 앞세
워 기관 투자자들에게 많은 사랑을 받고 있습니다. 2020년 말 현재, 미국 ETF
시장 내 자산 규모는 약 1,800조 원 수준입니다.

미국 ETF는 내가 최초, 스테이트 스트리트

글로벌 3위 운용사 스테이트 스트리트는 블랙록, 뱅가드 그룹보다 먼저 ETF를 시작한 곳입니다. ETF 브랜드는 SPDR, 우리말로 '스파이더'라고 읽습니다.

2020년 12월 현재, 스파이더의 운용 규모는 약 1,000조 원인데 세계 최대 규모 ETF인 SPY US SPDR S&P 500 ETF Trust 하나의 운용 규모만 전체 규모의 절반에 가까운 약 424조 원에 이릅니다.

앞의 두 운용사와는 달리 스테이트 스트리트는 상대적으로 미국 자산에 집중하고 있으며, 대표 상품으로는 앞서 설명한 SPY와 미국 섹터 ETF들이 있습니다. 그러나 이러한 특성으로 인해 상품 다양화에 신경을 쓰지 못하면서 경쟁사들에게 지속적으로 시장점유율을 내어주고 있는 모습입니다.

그 외 알아둬야 할 글로벌 ETF 운용사는?

사실 톱 3를 제외하면 ETF 운용 규모는 급격히 줄어듭니다. 4위 운용사인 인베스코 Invesco만 해도 ETF 운용 규모가 약 350조 원 수준으로 1~3등과는 격차가 큽니다. 찰스 슈왑 Charles Schwab은 약 240조 원, 위즈덤트리 인베스트먼트 WisdomTree Investment는 약 50조 원 규모입니다.

하지만 운용사마다 특색 있는 상품으로 브랜드 전략을 펼치고 있으므로 살펴볼 필요가 있습니다.

그 외 알아둬야 할 ETF 운용사

예를 들어 인베스코는 QQQ US Invesco QQQ Trust와 같은 상품을 통해 미국 나스닥 NASDAQ 시장에 집중하고 있죠. 위즈덤트리 인베스트먼트의 위즈덤트리 WisdomTree는 환 헤지(주의! 원화 헤지가 아니라 미국 투자자들을 위한 달러자산 헤지입니다. 관련하여 260페이지의 내용을 참고하세요) 상품들을 내세우고 있습니다. 우리나라의 키움증권처럼 미국의 거대 온라인 증권사인 찰스 슈왑의 슈왑 Schwab은 극단적으로 낮은 운용보수(뱅가드 수준 혹은 그 이하)를 앞세워 성공적으로 고객을 유치하고 있습니다. 참고로 인베스코는 파워쉐어즈 Powershares라는 ETF 브랜드를 사용해왔지만, 2018년 6월부터는 모회사 브랜드인 인베스코로 변경하여 적용하고 있습니다.

레버리지·인버스 ETF 전문 운용사가 따로 있다?

미국의 레버리지·인버스 ETF 상품은 한국과 달리 2개의 운용사가 양분하고 있습니다. 앞서 설명했던 대형 운용사들은 레버리지·인버스 ETF를 전혀 출시하지 않고, 프로쉐어즈 Proshares와 디렉시온 Direxion에서만 레버리지·인버스 ETF를 출시합니다.

회사별로 볼까요? 프로쉐어즈는 2배짜리 ETF, 디렉시온은 3배짜리 상품에 집중하고 있으며 대표 상품으로는 TQQQ US ProShares UltraPro QQQ와 FAS US Direxion Daily Financial Bull 등이 있습니다. 이 두 회사에서 출시된 레버리지·인버스 ETF를 제외하고 미국에 상장된 레버리지·인버스 ETF 상품들은 모두 ETN 형태이므로(ETF와 ETN의 차이점에 대해서는 255페이지의 내용을 참고하세요) 투자에 있어 조금 더 주의할 필요가 있겠습니다.

레버리지 · 인버스에 최적화된 ETF 운용사

시장의 새로운 흐름, 액티브 ETF 운용사들

전통적으로 패시브 투자주로 지수를 추종하기 때문에 펀드 매니저의 역량이 개입할 부분이 거의 없음 전략이 자리를 차지해 왔던 ETF 시장에 2018~2019년부터 변화의 바람이 불어오고 있습니다. 그중 하나는 액티브 투자운용에 펀드 매니저가 적극적으로 개입함으로써 펀드 매니저의 역량에 따라 알파 수익을 추구 전략을 바탕으로 운용되는 액티브 ETF들이 점점 더 이슈가 되고 있다는 점입니다.

예전에 액티브 펀드들은 매일매일 투자 포트폴리오가 공개되는 ETF 규제사항이 부담스러워서 ETF 시장에 진출하지 않은 경우가 많았습니다. 하지만 최근 미국에서 불투명non-transparent ETF가 제도적으로 가능해짐에 따라 새로운 시장이 열리고 있습니다.

대표적인 운용사는 기존 액티브 뮤추얼 펀드 전략을 액티브 ETF로 전환한 제이피모간JP Morgan과 뒤에 설명할 아크 인베스트ARK Invest가 있습니다. 특히 이들 두 운용사는 2020년 강한 자금 유입세를 기록, 2021년 2월 중순 현재 미국 ETF 시장의 톱 10으로 자리매김하며 최근까지 큰 순위 변화가 없었던 ETF 운용사의 리그 테이블에 변화를 주는 모습입니다.

이와 더불어 우리나라의 신생 핀테크fintech 회사인 크래프트 테크놀로지스Qraft Technologies가 인공지능 기반으로 미국 주식 포트폴리오를 구축하는 ETF들을 미국에 선보이는 등, 액티브 전략을 필두로 ETF 시장에 다양한 변화의 바람이 불고 있다 하겠습니다.

1989년 첫 ETF가 등장한 이후 약 30년이 넘는 세월이 흘렀습니다. 그동안 ETF들은 전통적인 자산운용 시장의 영역을 확실하게 바꿔놓았으며, 현재도 그러한 변화는 계속되고 있는 상황입니다.

액티브 펀드들의 운용자산이 줄어드는 자리를 패시브 펀드들이 대체하고, 2010년 이후에는 다양한 스마트 베타 ETF들이 등장했으며, 2020년부터는 아크 인베스트를 비롯한 혁신적인 액티브 ETF들이 시장에서 자금을 쓸어 담고 있습니다.

조지 소로스가 이야기하는 '재귀성reflexivity, 투자자들의 편견이 시장에 영향을 미쳐 변화를 야기한다는 이론'이 ETF 시장에서는 자금 유입의 형태로 나타나는데, 자금 유입이 강력하게 나타나는 ETF들이 보유하고 있는 종목은 다시 시장에서 해당 ETF가 투자하고 있는 개별 종목, 혹은 섹터 차원으로의 자금 유입을 야기

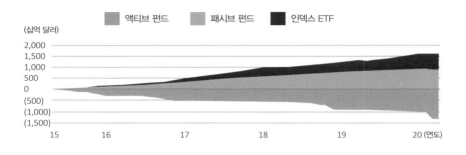

미국의 액티브 및 패시브 펀드로의 누적 순흐름(지난 5년간)

자료 : 모닝스타

액티브 펀드　　패시브 펀드　　인덱스 ETF

하곤 합니다.

아크와 같은 신규 액티브 운용사에서 발생하는 자금 유입은 테슬라와 같은 대표 종목, 그리고 혁신 성장 섹터 종목들에 대한 매수 수요를 발생시키며 가격 상승으로 이어질 가능성이 높습니다.

혹은 인공지능 기반으로 종목을 선정하는 크래프트 사의 ETF는, 인간 포트폴리오 매니저가 아니라 딥러닝 기반의 인공지능 매니저가 현재 시장 상황에서 어떤 종목을 선정했는지 확인하는 참고서가 될 수 있습니다.

ETF는 일반적으로 매일매일 보유 종목들이 공시되므로 관심 있는 ETF 운용사의 홈페이지를 방문하면 어떤 종목들에 투자하고 있는지 쉽게 확인할 수 있습니다.

PART 02

전문가의 포트폴리오를 복사하라!
ETF 투자 전략 완벽 정리

월급쟁이 부자로 가는
실전 투자 스터디 START!

평범한 월급쟁이가 부자 되기 위한 두 가지 키워드 : 기회비용과 복리효과.
개인 투자자들의 유일한 친구는 바로 '시간'이다!

안녕하세요. '열일안차' 안석훈입니다. 이번 장에서는 성공적인 투자를 위해
주식 초보가 반드시 알아야 할 2가지 개념을 알려드립니다. 더불어 개인별
투자 성향, 최신 트렌드, 미리 준비하는 미래 등 주제별로 적합한 28가지 투
자 포트폴리오를 제안합니다. 주린이라도 바로 투자에 적용하기 무리가 없으
며, 이미 ETF에 투자하고 있다면 포트폴리오 점검에 도움이 될 것입니다.

바야흐로 초저금리의 시대입니다. 1980년대에는 오직 예금으로만 연 10% 이
상의 이자를 수령했었지만, 이제 그 같은 저축의 황금시대가 다시 올 가능성
은 거의 없죠. 가까운 시기로는 2010년 초중반 5%의 금리 수준마저 상당 기
간 동안 다시 보기 어려울 고금리가 되어 버렸습니다.

경민 그래서인지 적금을 들어 만기일에 목돈을 만져도 마음이 좋지 않아요. 이만큼이나 모았다는 뿌듯함보다는, 몇 년간 먹을 것 입을 것 아껴서 모은 금액과 그 기간 동안 전셋값이나 집값의 오름폭이 비교되어 한숨만 날 뿐이죠.

그렇습니다. 나는 노력한다고 했는데 만족스럽지 않은 상황이 발생하죠. 왜 이런 일들이 발생하는 것일까요? 그리고 이런 상황을 극복하려면 어떻게 해야 할까요? '기회비용'과 '복리효과', 이 두 단어에서 해결책을 찾을 수 있습니다.

월급쟁이 부자가 되기 위해 알아야 할 핵심 개념

기회비용은 경제학에서 하나의 의사결정을 함으로써 포기해야 하는 다른 선택지의 가치를 의미합니다. 예를 들어, 현금을 통장에 묵혀둠으로써 포기해야 하는 다른 선택지의 가치가 현금 보유의 '기회비용'이 되는 셈이죠.

경민 100만 원으로 예금이냐, 투자냐를 고민하다 예금을 선택한다면 투자를 통해 벌 수 있는 돈이 기회비용이라는 말씀이죠? 반대로 투자를 선택한다면 예금 이자가 기회비용이 될 테고요.

고금리 시대에는 현금을 보유하거나 정기 적금 등을 선택하더라도 기회비용이 크지 않았습니다. 주식, 채권 등에 투자하지 않더라도 예금 자체에서 발생하는 이자수익이 기회비용을 줄여줬으니까요. 그러나 지금과 같은 저금리 (실질적인 제로금리) 시대에는 예금을 보유함으로써 발생하는 기회비용의 규모가 두드러집니다. 특히 매년 발생하는 물가상승률인플레이션을 감안한다면, 예금을 보유하는 건 사실상 본인의 자산가치를 고정적으로 감소시키는 투자 행동이라 할 수 있습니다.

> 경민 통계청에서 물가상승률을 발표하지만, 실제로 생활에서 체감하는 물가상승률은 발표값보다 훨씬 높은 것 같아요.

그렇게 느끼는 데는 이유가 있습니다. 공식적인 '인플레이션'은 주로 실생활에 소비되는 품목들의 가격 변동을 바탕으로 작성되죠. 그런데 국가마다 그 계산 방법이 다를뿐더러 계산에 포함되는 품목들의 리스트를 보면 과거 기준에서 바뀌지 않은 것들이 많습니다. 예를 들어, 넷플릭스 같은 OTT 서비스 사용료, 유튜브 사용료, 클라우드 서비스 사용료 같은 지출은 인플레이션 계산 항목에 반영되지 않습니다. 더욱이 최근에 급등한 부동산 가격 역시 인플레이션 계산에 들어가있지 않아서 실질적으로 개인들이 느끼는 인플레이션, 즉 물가상승률은 공식 지표보다 훨씬 더 높아지기 쉽습니다.

> 경민 그런 부분까지 고려하면, 투자하지 않고 예금을 보유할 경우 발생하는 기회비용이 생각보다 막대할지도 모르겠네요. 그런 기회비용을 회피하기 위해서라도 투자를 해야겠단 생각이 들긴 하는데…, 그래도 아직은 '막상 투자했다가 가격이 하락하면 어떡하지'라는 걱정부터 들어요.

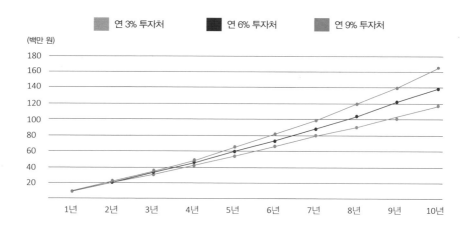

복리효과 : 연 1천만 원을 10년간 적립식으로 투자한 경우

실제로 많은 분이 그런 이유로 투자를 망설입니다. 물론 위험성은 있습니다. 하지만 투자를 장기적으로, 꾸준히 하다 보면 '복리효과'가 자연히 문제를 해결해준다는 점을 꼭 말씀드리고 싶습니다.

위 그래프를 보시죠. 저위험저수익 연 3%, 중위험중수익 연 6%, 고위험고수익 연 9%의 3가지 가상 투자처를 바탕으로 투자수익률을 계산한 차트입니다. 매년 1천만 원을 투자한다고 가정했을 때 첫 10년 간의 투자 결과는 다음과 같습니다.

● 매년 1천만 원씩 10년간 투자한 결과(원금 100,000,000원)

　　연 3% 투자처에 투자한 경우　　　118,077,957원　　▲18.0%

　　연 6% 투자처에 투자한 경우　　　139,716,426원　　▲39.7%

　　연 9% 투자처에 투자한 경우　　　165,602,934원　　▲65.0%

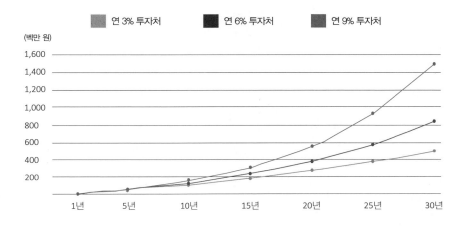

복리효과 : 연 1천만 원을 30년간 적립식으로 투자한 경우

연 3% 투자처   연 6% 투자처   연 9% 투자처

연 6% 투자처에 매년 적립식으로 10년간 꾸준히 투자를 이어갔을 경우, 10년 후 누적투자 금액은 약 1.4억 원 정도가 됩니다. 투자원금 1억 원에 약 4천만 원 정도가 복리효과의 결과로 발생한 셈이네요.

그렇다면 투자기간을 좀 더 늘려보면 어떨까요? 20대 중반에 직장생활을 시작한 월급쟁이가 은퇴 전까지 30년 동안 일하고, 그 기간 동안 꾸준히 매년 1천만 원씩 저금했다고 한다면 복리효과의 결과물은 다음과 같습니다.

● 매년 1천만 원씩 30년간 투자한 결과(원금 300,000,000원)

    연 3% 투자처에 투자한 경우   490,026,782원   ▲63.3%

    연 6% 투자처에 투자한 경우   838,016,774원   ▲179.3%

    연 9% 투자처에 투자한 경우   1,485,752,170원   ▲395.2%

연 6% 투자처에 30년 동안 매년 1천만 원씩, 총 투자 원금 3억 원을 투자했을 때 30년 후 잔액은 2.5배 이상인 8억 4천만 원 정도가 되며, 연 9% 투자처에 투자한 경우에는 15억 원에 가까운 금액이 되어 투자 원금의 약 5배 가까운 성과를 보일 것입니다.

어마어마하죠?

복리효과의 마법은 투자 기간이 길면 길수록 효과가 뚜렷해지는 데 있습니다. "개인 투자자들의 유일한 친구는 시간"이라는 격언을 항상 기억하시길 바랍니다. 혹시 은퇴하기까지 남은 시간이 5년, 10년에 불과하더라도 실망할 필요는 없습니다. 복리효과와 시간의 법칙은 자녀에게도 똑같이 적용됩니다. 지금이라도 투자 교육을 시작하는 것이 좋겠습니다.

여기에 더하여 꼭 강조하고 싶은 것이 있습니다. 장기 투자로 가는 가장 편한 투자 방법 중 하나가 바로 ETF란 사실입니다. 상대적으로 저렴한 비용의 투자상품으로 주식거래 계좌만 있으면 투자가 가능하죠. 앞서 파트 1에서도 이야기했지만 2000년도 초반에 ETF라는 투자상품이 본격적으로 소개된 이후 2021년 현재는 금융투자 시장, 자산관리 시장에서 주류가 되고 있습니다.

지식을 투자로, 뉴스를 수익으로 만드는 기술

투자에는 한 가지 정답만 있는 것이 아닙니다. 각자의 위험 성향과 재무 상황, 그리고 투자 경험에 따라서 각자의 투자 포트폴리오를 꾸리면 됩니다. 남들이 제시하는 투자 방법만이 정답은 아니며, 다양한 전략들과 본인의 필요에 맞는 투자를 하면서 스스로 투자에 대한 의사결정을 하는 것이 필요합니다. 제일 중요한 것은 앞에서 말했듯, '시간'이라는 친구를 믿고 꾸준하게 투자를 지속해 나가는 것이라 하겠습니다.

전설적인 투자자인 피터 린치Peter Lynch, 1968~2015는 일상생활 속에서 투자 종목을 찾는 일의 중요성을 역설했습니다. 그는 "투자는 생활 속의 발견이다"라는 격언을 남겼는데, 이는 개별 주식 투자뿐만 아니라 ETF 투자에 있어서도 동일하게 적용되는 부분입니다.

뒤에서 다루겠지만, ETF의 종류는 엄청나게 다양해지고 있습니다. 전통적인 패시브 접근법으로 시장에 시가총액 비중으로 투자하는 기본적인 상품에서부터, 특정 섹터나 테마와 관련된 상품은 물론, 뮤추얼 펀드의 영역이었던 액티브 전략을 적용하는 상품까지 속속 등장하는 중입니다. 시장과 사회의 변화에 관심을 가지고 귀를 기울인다면 이를 얼마든지 포트폴리오로 구현할 수 있습니다.

예를 들어 보죠. 과거 수년간 트렌드가 되었던 전기자동차의 자율주행 테마, 미국 바이든 대통령의 당선으로 인해 촉발되는 친환경 에너지와 5G 통신 관련 수혜주들, 코로나도 인해 변화하고 있는 재택근무 환경 등 사회의 급격한 변화에서 혜택을 누릴 수 있는 투자처들이 분명히 존재합니다. 최근 들어서는 이러한 투자를 위한 ETF들도 출시되고 있죠. 다양한 ETF를 활용한다면 개별 주식들에 투자하는 것보다 효과적일뿐더러, 분산된 포트폴리오를 통해 리스크 관리를 할 수 있을 것입니다.

안정 지향에서 헤지펀드까지, 나의 투자 성향에 맞춰 투자하기

개인 투자자의 성향에 따른 맞춤형 투자 전략 4가지와
바로 적용 가능한 ETF 투자 포트폴리오

투자자의 성향은 모두 다릅니다. 이에 개인 투자자들의 성향을 안정적인 수익 추구, 투자 위험의 최소화, 수익의 극대화, 헤지펀드의 추종 등 크게 4가지로 나누고 각 유형별 맞춤형 전략과 9가지 투자 포트폴리오를 제시하겠습니다.

안정적인 수익 추구 : 투자의 황금률

지난 수십 년간 미국 주식 시장의 전문가들이 투자 포트폴리오를 구성할 때 '투자의 황금률'로 제시해왔던 자산 배분 비율이 있습니다. 바로 총 투자 자산의 60%는 채권에, 나머지 40%는 주식에 나누어 투자하는 '60/40 포트폴리오'가 그것입니다. 한국에서는 '(주식·채권)혼합형 포트폴리오'로 불리기도 하죠.

최근 많은 주목을 끌고 있는 로보어드바이저Robo-advisor도 그러한 투자의 황금률을 따르고 있습니다. 업체마다 투자 포트폴리오의 구성 내역은 다를 수 있지만, 큰 틀에서 보면 채권과 주식의 60/40 포트폴리오를 바탕으로 개개 인의 재무 상태, 투자 목표, 자금 회수 예상 시점에 따라 개인 맞춤형 포트폴리 오를 제공합니다. 미국의 유명한 로보어드바이저 회사인 베터먼트Betterment 에서도 이러한 혼합형 포트폴리오에 기반한 전략을 고객에게 제공하고 있습 니다.

전문가들이 이렇게 채권과 주식을 섞어서 함께 투자하는 방식을 강조해온 건 왜일까요? 그것은 주식과 채권, 두 자산군이 상반되는 특징을 가지고 있기 때문입니다.

주식은 경기 변화에 어떤 영향을 받을까요?

> 경민 경기가 상승하면 같이 오르는 반면에, 경기가 하락하면 크게 떨어지 기도 하는 것 같아요.

맞습니다. 주식은 상대적으로 경기에 민감하여 경기 상승 시점에서 강한 상 승을 기록하는 경향이 높고, 경기 하락 시점에서는 오히려 큰 손실을 입을 수 있는 투자 자산입니다. 또한 기업의 이익이 증가할 때는 주주들이 많은 수익 을 가져갈 수 있지만, 이익이 감소하거나 손실이 난 경우 은행 및 채권 투자자 들에게 이자 지급을 완료하고 남은 부분을 주주가 떠안게 됩니다.

반면, 채권은 채권을 발행한 기업이나 국가가 부도나기 전까지는 채권 투자자에게 동일한 금액의 이자를 채권 만기 시점까지 지급하므로 안전 자산으로 간주됩니다. 물론 이러한 특성으로 인해 경기가 좋다고 더 많은 이자 수입을 기대할 수는 없죠.

> 경민 아하! 경기가 좋을 때는 주식을 통해 높은 수익률을 노리면서 채권을 통해 기본적인 이자수익을 얻을 수 있고, 경기가 나쁠 때는 주식에서 발생한 손실을 채권이 메꿔주는 방식이로군요!

투자를 할 때 반드시 기억해야 할 사항이 있습니다. 이건 주식이든 채권이든, 아니면 다른 현물 투자든 마찬가지인데 '최대한 손실을 방어하는 것'이 가장 중요하다는 점입니다.

단기적으로 아무리 높은 수익을 낸다 하더라도 손실을 효과적으로 방어하지 못한다면 복리효과를 통한 자산 증식은 기대할 수 없습니다. 복리효과는 믿을 수 없을 만큼 놀라운 효과를 발생시키기에 '장기 투자의 마법'으로 불립니다.

> 경민 한 마디로 손실을 막고 수익을 내기에 가장 좋은 포트폴리오이자, 오랜 기간 전문가들로부터 검증받은 전략이라고 이해하면 되겠네요.

실제로 60/40 포트폴리오는 연금과 같이 장기 투자 목적으로 운용되는 자산에 필수적인 투자 방식입니다. 투자 자산의 상당 부분을 안정적으로 운영하는 것이 장기적으로 훨씬 더 안전하며, 높은 수익을 기대할 만한 방법임을 꼭 기억해두십시오!

안정적인 수익 창출을 위해 한 가지 더 생각해봐야 할 문제가 있습니다. 바로 '어느 시장에 투자하는 것이 이상적일까?' 하는 문제입니다.

이 질문의 답을 찾기 위해 국내 주식 시장과 해외 주식 시장의 규모를 비교해봅시다. 한국은 세계 15위의 경제 규모를 가진 국가로 글로벌 경제에서 과거보다 훨씬 더 큰 영향력을 가지고 있지만, 주식 시장에서는 그렇지 못합니다. 글로벌 주식 시장에서 한국이 차지하는 비중은 시가총액 기준으로 2%에 불과하죠.

다시 말해 국내 주식 시장에서 혼합형 포트폴리오를 통한 자산 배분은 그 한계가 명확하다고밖에 할 수 없습니다. 글로벌 시대를 살아가는 지금, 이제부터라도 글로벌 시장에 제대로 투자하는 것이 어떨까요?

자, 그럼 글로벌 ETF를 통해 제대로 된 글로벌 투자를 하는 첫 번째 전략을 소개합니다! 안정적 수익 추구를 기대하는 독자를 위해 미국 채권에 투자하는 BNDVanguard Total Bond Market Index ETF와 글로벌 주식에 투자하는 VTVanguard Total World Stock ETF에 6:4로 분산 투자하는 방법입니다.

안정적 수익 추구 성향을 위한 투자 포트폴리오

상품특성	적용 상품 사례
미국 국채	**BND US** (Vanguard Total Bond Market Index ETF)
글로벌 주식	**VT US** (Vanguard Total World Stock ETF)

투자 위험의 최소화 : 변동성 줄이기

안정적 수익 추구를 위한 60/40 포트폴리오가 갖는 또 다른 특성이 있습니다. 채권을 포함하기에 변동성이 줄어든다는 점입니다.

경민 채권을 포함해 투자하기 때문에 주식에만 투자하는 데 비해 변동성이 줄어든다는 건가요? 무슨 뜻인지 잘 이해가 되지 않는 걸요?

예를 들어보겠습니다. 1년의 투자 기간 동안 10%의 수익률을 달성한 변동성이 큰 투자 자산 A와 변동성이 작은 투자 자산 B가 있다고 해봅시다.

투자 자산 A는 월간 수익률의 상승과 하락폭이 무려 20% 이상 널뛰는 모습을 보였고, 투자 자산 B는 월간 수익률의 상승과 하락 폭이 1% 내외에 불과했습니다. 물론 1년간 투자 자산 A와 B의 투자 수익률은 10%로 동일할 것입니다.

그러나 둘 사이에는 결정적인 차이가 있습니다. 그게 뭘까요?

> **경민** 투자자의 정신 건강이 아닐까요?! 1년이란 시간 동안 투자자가 받은 스트레스의 수준이 비교할 수 없을 정도로 클 것 같아요. 투자 자산 A를 가지고 있는 사람은 매일 애간장이 녹았을 거예요.

투자를 공부하다 보면 샤프비율Sharpe Ratio이라는 용어를 접하게 되는데, 금융의 투자 성과를 평가할 때 투자 위험도를 반영하여 판단하는 것입니다. 즉, 앞서의 예시처럼 같은 수익률을 달성한다면, 그 과정에서 작은 변동성을 나타낸 투자가 더 우수한 투자라 평가할 수 있다는 거죠.

2020년 3월, 코로나 19 팬데믹으로 글로벌 증시가 급락세를 보였지만 이후 불확실성이 감소하면서 이전 수준 이상으로 지수가 상승하는 모습을 보이고 있습니다. 코스피의 경우 1400까지 떨어졌다가 그 해 12월 말 2800을 넘어서는 등 변동성이 매우 큰 상황이죠. 이로 인해 동학개미 운동, 서학개미 운동 등 직접 투자에 대한 수요가 그 어느 때보다 높아진 것도 사실입니다.

그래서 지금은 변동성을 줄여야 한다는 데 크게 관심이 가지 않을 수 있습니다. 하지만 지수 급락 사태가 다시 찾아온다면, 어떻게 대응해야 할까요? 그때를 위해 알아둬야 하는 것이 바로 변동성 최소화 전략입니다.

한편, 대한민국 또한 고령화 사회로 진입하며 은퇴 후 자산 관리에 대한 관심이 높아지고 있습니다. 개인 투자자 가운데서도 주식을 매매하는 직접 투자뿐 아니라 연금과 펀드 등을 통한 간접 투자에 대한 선호도 역시 크게 증가하고 있습니다. 이러한 개인 투자자들의 간접 투자 자금을 운용하는 투자기관 입장에서도, (기관별로 차이는 있지만) 투자 위험의 최소화를 위해 적극적으로 변동성을 줄이려는 경향이 확산되는 중입니다. 그래서 기존의 일반적인 시가총액 비중 혹은 매니저의 판단에 따른 투자 전략이 아닌, 포트폴리오를 구성하는 단계에서부터 변동성을 줄이는 데 초점을 둔 투자 전략과 상품을 개발하고 있습니다.

> 경민 개인 투자자도 글로벌 ETF를 이용해 변동성을 줄이기 위한 포트폴리오를 구성할 수 있을까요? 노후 대비를 위한 자산은 변동성을 최소화하는 것이 좋을 듯한데요.

얼마든지 가능합니다! 변동성을 줄이는 전략은 노후 대비뿐 아니라, 언제 닥쳐올지 모를 급락장에 대비하기 위해서라도 반드시 익혀두길 바랍니다. 여기서는 변동성 최소화 상품으로 투자 자산 전체를 운용하는 전략❶번 포트폴리오과 60/40 포트폴리오에 변동성 최소화 상품을 포함하여 운용하는 전략❷번 포트폴리오, 2가지 투자 포트폴리오를 제시하겠습니다. 여러분의 투자 성향과 목적에 맞게 활용하십시오. 참고로 유틸리티, 필수소비재 업종 등이 일반적으로 변동성이 적은 섹터로 알려져 있습니다.

투자 위험 최소화 성향을 위한 투자 포트폴리오

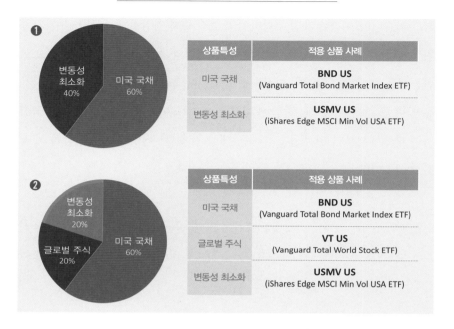

❶

변동성
최소화
40%

미국 국채
60%

상품특성	적용 상품 사례
미국 국채	**BND US** (Vanguard Total Bond Market Index ETF)
변동성 최소화	**USMV US** (iShares Edge MSCI Min Vol USA ETF)

❷

변동성
최소화
20%

글로벌 주식
20%

미국 국채
60%

상품특성	적용 상품 사례
미국 국채	**BND US** (Vanguard Total Bond Market Index ETF)
글로벌 주식	**VT US** (Vanguard Total World Stock ETF)
변동성 최소화	**USMV US** (iShares Edge MSCI Min Vol USA ETF)

수익의 극대화 : 공격적인 자산 배분

경민 앞서 말했듯이 노후자금 같은 경우 최대한의 안전성을 추구하는 게 맞
겠지만, 저는 투자를 통해 목돈을 만들고 싶은 마음도 있어요. 그러기 위
해서 약간의 리스크는 감수해야 하지 않을까 싶은데, 열일안차 님 생각
은 어떤가요?

대부분의 투자자들이 경민 씨와 비슷합니다. 즉 투자 위험 최소화 포트폴리오
의 장점을 이해하더라도, 단기적으로는 여전히 투자 성과를 최대화하려는 경

향을 보이는 것이죠. 저 역시 개인적으로 투자를 하는 과정에서 여러 가지 원칙과 이론을 활용하기보다는 당장의 수익률을 높일 수 있는 부분에 관심을 두는 경우가 많습니다.

그럼 이번에는 공격적인 자산 배분을 통한 초과수익을 추구하면서도 다소나마 안정적으로 수익을 실현할 수 있는 전략에 대해 이야기해볼까요?

주식은 회사별, 국가별 특징에 따라 다양한 성격을 가지고 있습니다. 일반적으로 글로벌 투자자들이 주식을 구분하는 방법으로는 선진국 시장Developed market 주식과 신흥국 시장Emerging market 주식이 있습니다.

경민 선진국 시장이라고 하면 미국, 일본, 유럽 등이겠죠? 주위 사람들은 큰 수익을 보려면 신흥국 시장(이머징 마켓)에 투자하라고들 하던데요.

실제로 선진국 시장에 해당하는 국가들은 경제 구조가 완성 단계에 다다른 경우가 많습니다. 주가가 단기간에 급격히 상승하기보다는 천천히 반응하는 것이 일반적이죠.

반면 신흥국 시장은 인구구조나 경제구조상 대부분 빠른 경제성장률을 나타냅니다. 중국, 러시아, 브라질 등의 개발도상국이 이에 속합니다. 이들 국가의 주식 시장은 경제 성장에 따라 단기간에 빠른 상승을 보이는 경우가 많지만, 반대로 단기간에 큰 조정을 받는 경우도 빈번하다는 것이 문제입니다. 그때문에 선진국 시장 대비 위험하다는 평가를 받기도 합니다.

경민 큰 수익을 내려면 신흥국 시장에 투자하는 게 맞을 것 같은데, 말씀하신 위험을 최소화하면서도 신흥국 시장에서 초과수익을 확보할 만한 좋은 전략이 없을까요?

다음과 같이 몇 가지 방법을 고민해볼 필요가 있습니다. 기본적으로 변동성 최소화 전략과 동일하게 특정 상품을 단독으로 사용하는 전략➊번 포트폴리오 그리고 60/40 포트폴리오 안에 포함하는 전략➋번 포트폴리오 등 2가지 방안을 고려할 수 있겠습니다.

수익 극대화 성향을 위한 투자 포트폴리오

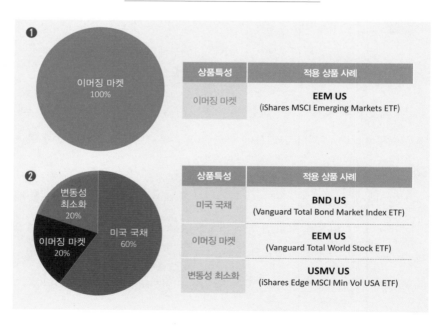

더불어 '40/60 포트폴리오'를 활용하거나 '레버리지·인버스 ETF'를 활용하는 보다 공격적인 투자 전략도 추가적으로 제시하겠습니다. '40/60 포트폴리오'를 활용하는 전략❸번 포트폴리오은 주식 비중을 60%로 높이고 채권 비중을 40%로 낮추는 방식이고, '레버리지·인버스 ETF'를 활용하는 전략❹번 포트폴리오은 60/40 포트폴리오를 전체의 80% 수준으로 낮추고 레버리지 또는 인버스 ETF를 20% 미만으로 편입하는 방식입니다. 단, 파트 1에서 언급한 바와 같이 레버리지·인버스 ETF는 해당 투자 상품과 투자 방법을 잘 이해한 투자자가 단기적으로 활용하기에 적절하며, 이에 투자자의 주의가 필요합니다.

수익 극대화 성향을 위한 투자 포트폴리오

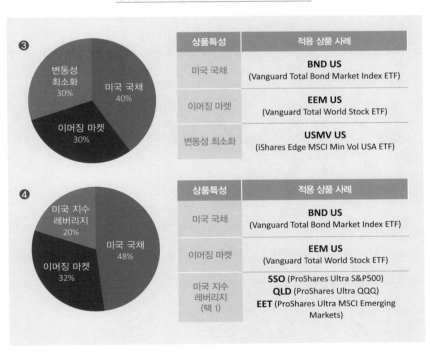

❸

변동성 최소화 30%		
미국 국채 40%		
이머징 마켓 30%		

상품특성	적용 상품 사례
미국 국채	**BND US** (Vanguard Total Bond Market Index ETF)
이머징 마켓	**EEM US** (Vanguard Total World Stock ETF)
변동성 최소화	**USMV US** (iShares Edge MSCI Min Vol USA ETF)

❹

미국 지수 레버리지 20%		
미국 국채 48%		
이머징 마켓 32%		

상품특성	적용 상품 사례
미국 국채	**BND US** (Vanguard Total Bond Market Index ETF)
이머징 마켓	**EEM US** (Vanguard Total World Stock ETF)
미국 지수 레버리지 (택 1)	**SSO** (ProShares Ultra S&P500) **QLD** (ProShares Ultra QQQ) **EET** (ProShares Ultra MSCI Emerging Markets)

헤지펀드의 추종 : 롱숏 전략

여기서 만족하지 않고 더 높은 수익을 노린다면, 헤지펀드들의 전략을 따라하는 것도 방법입니다. 일반적으로 헤지펀드hedge fund라고 하면 레버리지 기법을 이용하여 최소한의 손실로 최대한의 이익을 목표로 하는 펀드를 말하며, 금융시장 내 최고의 인재들이 모여 있는 곳으로 알려져 있습니다. 미국의 유명한 헤지펀드들은 수십 조 원 단위의 자금을 운용하며 다양한 전략을 통해서 절대 수익을 추구하고, 해당 매니저들은 실적에 따라 많게는 수십억 원이상의 연봉과 보너스를 받기도 합니다. 그래서 금융권에서 일하는 사람들이라면 한번쯤 도전해보고 싶어하는 분야 중 하나죠. (하지만 실제 시장을 능가하는 수익률을 기록하는 경우는 많지 않은 것으로 보입니다.)

헤지펀드들이 사용하는 다양한 전략 가운데 가장 기본이 되는 것은 롱숏Long/Short 전략입니다.

> **경민** 아, 들어봤어요. 저평가되어 상승할 것 같은 주식은 사고, 고평가되어
> 하락이 예상되는 주식은 파는 전략이죠?

맞습니다. 상대적으로 더 많이 오를 가능성이 있는 자산을 매입롱하고, 덜 오르거나 하락할 가능성이 높은 자산을 공매도숏함으로써 가격 변동에 따른 영향을 최소화하면서 그 차액을 노리는 투자 방법입니다. 변동성이 큰 장세에서 자주 언급되곤 하죠.

경민 하지만 우리나라 개인 투자자는 개별 주식을 공매도하기가 거의 불가
능하지 않나요? 롱숏 전략에서 숏이 성립이 되지 않을 것 같은데요.

그렇죠. 2020년 3월 코로나 19 사태에 따른 주가 급락으로 중단됐던 공매
도 제도가 2021년 5월 3일부터 코스피와 코스닥 일부 종목에 대해 재개되었
습니다. 더불어 개인 투자자가 공매도에 참여할 기회도 대폭 확대되었다고는
하지만 개인의 주식 대여 기간이 60일로 제한되는 등 여전히 외국인과 기관에
비해서는 불리한 여건에 있죠.

대신 미국 주식 시장으로 눈을 돌려보면 새로운 방법이 있습니다. 미국에 상
장된 레버리지·인버스 ETF 등을 활용하면 개인도 어렵지 않게 롱숏 전략을
적용할 수 있어요.

예를 들어, 금리 상승 시기에 금융주의 성과가 시장 수익률보다 뛰어날 것이
라고 예상되면 금융주를 매수합니다. 그리고 미국 주식 시장에 투자하는 인버
스 ETF에 같이 투자함으로써 시장 위험은 줄이고 금융주의 상승폭을 수익화
하는 롱숏 전략 구사가 가능합니다.

이 같은 롱숏 전략은 미국 시장에서뿐만 아니라 중국 시장에도 적용할 수
있습니다. 개인적으로 확신을 갖고 있는 중국 주식 종목과 함께, 중국 시장에
상장되어 있는 '중국 주식 시장에 투자하는 인버스 ETF'에 투자하는 방식입
니다. 이렇게 하면 투자한 개별 종목의 성과와 더불어 인버스 ETF의 성과를
동시에 누릴 수 있습니다.

경민 저 같은 초보들은 섣불리 시도하기 어려울 것 같아요.

롱숏 전략을 구사할 수 있다고 해서 누구나 그 전략을 활용할 수 있는 것은 아닙니다. 실제로 롱숏 전략을 사용하려면 많은 지식과 투자 경험이 필요합니다. 개인 투자자도 공매도 전략을 활용할 수 있게끔 하는 것이 장점이지만, 그만큼 단점도 크기 때문에 투자 시 반드시 주의를 기울여야 합니다.

더불어 인버스 ETF는 장기 투자 시 시장 수익률을 추종하지 못한다는 점을 잊어서는 안 됩니다. 자신감만으로 섣불리 시도했다가 매수한 종목의 주가가 떨어지고, 주식 시장은 오히려 상승하여 막대한 손실이 발생할 수도 있습니다.

여기서는 금융 주식과 미국 지수를 추종하는 글로벌 ETF를 활용하여 실제 롱숏 전략을 구현하는 포트폴리오를 알려드리겠습니다.

기본이 되는 방법은 시장 위험을 헤징하기 위해 롱매수 포지션과 동일한 포지션의 인버스 ETF를 매수하는 것입니다. 1배 인버스 ETF는 롱 포지션과 동일한 금액을 ❶번 포트폴리오, 3배 인버스 ETF는 롱 포지션의 1/3에 해당하는 금액을 ❷번 포트폴리오 투자하면 시장위험을 헤징한 롱숏 전략을 구현할 수 있습니다.

이때 인버스 ETF는 최장 1개월을 넘지 않는 선에서 청산하도록 합니다. 특히 3배 레버리지 혹은 인버스 ETF에 투자하는 경우, 해당 포지션의 이익 실현을 위한 목표 수익률 혹은 손실 제한을 위한 목표 손절률을 합리적으로 잡고 매일 수익률을 모니터링해야만 합니다.

롱숏 전략의 구현을 위한 투자 포트폴리오

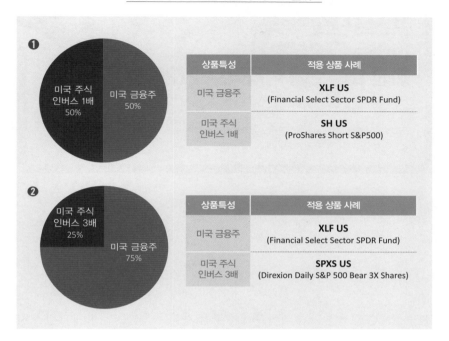

❶

상품특성	적용 상품 사례
미국 금융주	**XLF US** (Financial Select Sector SPDR Fund)
미국 주식 인버스 1배	**SH US** (ProShares Short S&P500)

미국 주식
인버스 1배
50%　미국 금융주
50%

❷

상품특성	적용 상품 사례
미국 금융주	**XLF US** (Financial Select Sector SPDR Fund)
미국 주식 인버스 3배	**SPXS US** (Direxion Daily S&P 500 Bear 3X Shares)

미국 주식
인버스 3배
25%　미국 금융주
75%

포스트 팬데믹부터 바이든 행정부까지, 최신 트렌드에 적극적으로 대응하기

글로벌 경제 동향과 트렌드에 적극적으로 대응하기 위한 투자 전략과
바로 적용 가능한 ETF 투자 포트폴리오

현재 글로벌 경제 동향과 최신 추세에 따라 가장 주목받는 분야에 대한 투자
역시 수익 창출에 매우 큰 기회로 작용합니다. 이에 코로나 19 팬데믹 이후 경
기 회복세와 부양책, 원자재 가격 상승, 바이든 행정부와 ESG 트렌드, 성장주
와 가치주 간 순환 투자 등 4가지 최신 트렌드에 대한 대응 전략과 10가지 투
자 포트폴리오를 소개하겠습니다.

코로나 19 이후, 경기 회복세와 부양 정책

코로나 19 팬데믹의 영향으로 미국과 중국을 비롯한 세계 대다수의 국가에
서 2020년 상반기 약 2개월간의 경제 봉쇄 조치를 실시한 바 있습니다. 이에

따라 소매유통 판매가 큰 폭으로 감소하면서 글로벌 경기 침체의 빌미를 제공했죠. 하지만 온라인 소매유통 채널을 통한 판매는 큰 폭으로 증가했습니다. 실제 2019년 기준 의류 업종의 온라인 판매 침투율은 약 24% 수준이었는데 반해 2020년에는 32% 수준까지 빠르게 성장했습니다.

경민　코로나 19 영향으로 많은 소비재 기업들이 온라인 판매를 확대하는 등 유통 채널의 다변화를 위해 노력하고 있다는 기사를 봤어요.

실제로 그렇습니다. 특히 의류 업체들에게 전자상거래 시장은 성장을 위한 새로운 채널 중 하나에 불과했으나, 코로나 19 팬데믹을 기점으로 생존을 위해 반드시 확보해야 하는 채널로 변화했습니다.

지난 2020년 10월 미국의 경우 코로나 일일 확진자 수가 17만 명을 넘어섰음에도, 미국 국민들의 경제 활동은 전년 대비 -10.6% 수준으로 양호한 회복세를 보였습니다. 오프라인 소매유통 매장과 레스토랑을 방문한 고객수는 2020년 4월에 전년 대비 -40% 감소하며 최저점을 기록한 이후 -20% 수준까지 빠른 속도로 개선되었죠.

코로나 19가 불러온 소비행태의 변화는 어마어마했습니다. 온라인 유통채널에서 1인당 평균 구매금액을 크게 증가시켰고, 기업들의 판매비용 감소를 이끌며 이익률 개선에 기여한 것입니다.

경민　백신 보급이 확대되면 하반기 이후 코로나 19 감염자 수 감소와 함께 경제 활동 재개를 기대할 수 있겠어요. 보복 소비에 대한 이야기도 경지면에 자주 등장하더라고요.

보복 소비란 그동안 미루어왔던 소비를 한꺼번에 실시하는 걸 말하죠. 실제로 이 같은 소비 추세가 본격화되면서 2020년 코로나 19로 실적이 특히 부진했던 소매유통 분야의 빠른 실적 회복이 예상됩니다. 하지만 코로나 19 백신의 안정적인 공급과 접종에 일정 시간 이상이 소요되리라 예상되므로, 온라인 유통채널을 통한 판매 증가 추세는 지속될 것으로 보입니다.

코로나 19에 기인한 글로벌 경기 침체 하에서 바이든 행정부와 연준의 공동 목표는 경기 회복이에요. 그리고 경기 회복의 핵심은 고용 시장의 회복을 통한 국민 개개인의 소득 창출, 특히 저소득층의 가처분소득 확보입니다. 이를 위해 바이든 행정부는 트럼프 행정부에 이어 추가적인 재정 지출을 통해 인프라 재건을 추진하고자 합니다. 대통령 직속 경제자문위원회The Council of Economic Advisers, CEA가 2018년 발표한 자료에 따르면 1조 5천억 달러의 인프라 투자가 10년간 진행될 경우, 매년 평균 GDP를 0.1~0.2%포인트 높이는 효과를 기대할 수 있다고 하죠.

이러한 분위기 속에 미국 인프라의 현실을 보면 누구라도 지금 당장 인프라 투자를 집행해야 한다고 주장할 것입니다. 미국토목학회American Society of Civil Engineers, ASCE가 2017년 발표한 자료에 의하면 현재 미국의 인프라 시설에 대한 평가 결과는 평균 D+ 등급으로, 재건이 시급한 상황입니다. 특히 공공 인프라의 낙후로 인해 발생하는 경제적 손실이 오는 2025년까지 GDP 3조 9천억 달러에 달할 것으로 분석했습니다.

경민 흠, 미국의 인프라 재건은 지금 행정부의 필연적인 과제라 해도 과언이 아니겠어요.

미 정부가 추진하고 있는 건설 프로젝트 중 투자 규모가 10억 달러 이상인 장기 프로젝트를 '메가 프로젝트'라고 하는데, 2019년 기준 미국 내 진행 중인 메가 프로젝트는 35개로 총 791억 달러의 규모예요. 전년 대비 68% 증가한 것이죠. 그리고 현재 계획 중인 메가 프로젝트 중 인프라 부문의 비중은 약 38%로 가장 크고, 특히 전통 인프라 중 하나인 교통 프로젝트 비중은 2012~2018년 10%대에서 2019~2050년 19%로 그 비중이 더욱 확대될 전망입니다.

경민 인프라 투자의 수혜를 입는 분야나 산업으로는 어떤 것이 있을까요?

대표적인 것이 건설 장비와 건축 자재, 인프라 건설 및 솔루션, 엔지니어링, 철강 산업 등이죠. 과거와 다른 점은 그 수혜 대상이 미국 기업들에 집중된다는 점입니다. 이는 2019년 7월, 트럼프 대통령이 행정명령을 발표해 미국 연방정부 예산이 투입되는 프로젝트에서 미국산 제품 및 소재 활용을 극대화할수 있는 방안을 마련한 데 기인합니다. 미국의 인프라 부문에 대한 투자가 본격적으로 실행되면, 자국 제품 중심의 투자로 인해 미국 경기 회복의 발판을 마련할 수 있을 것으로 전망됩니다.

이러한 상황에서 경기 회복세에 대응하는 2가지 투자 전략을 제시하겠습니다. 하나는 소매유통 산업의 회복에 대응하는 전략❶번 포트폴리오으로 온라인 소매유통 기업에 투자하는 IBUY US_{Amplify Online Retail ETF}와 오프라인 소매유통 기업에 투자하는 XRT US_{SPDR S&P Retail ETF}에 동일 비중으로 투자하는 것입니다.

　다른 하나는 바이든 행정부의 경기 회복 정책에 대응하는 전략❷번 포트폴리오으로, 상대적으로 안정적인 투자 수익률을 확보하기 위해 미국 내 단기 채권에 투자하는 BSV US_{Vanguard Short-Term Bond Index Fund ETF}와 함께 미국 인프라 개발 기업에 투자하는 PAVE US_{The Global X U.S. Infrastructure Development ETF}, 미국 산업재 기업에 투자하는 XLI US_{Industrial Select Sector SPDR ETF}에 동시에 투자하는 것입니다.

경기 회복세에 대응하는 투자 포트폴리오

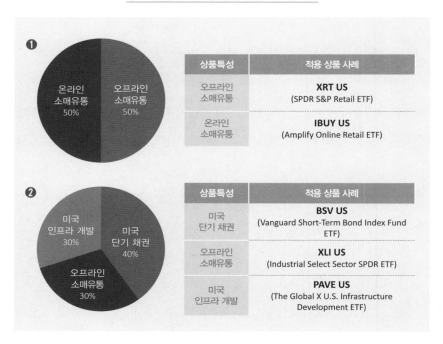

원자재, 다시 고개를 들다

2016년 초 33달러 수준을 저점으로 반등한 유가는 2018년 상반기 70달러 선을 돌파할 정도로 큰 폭의 상승세를 보였습니다. 이 기간 동안 미국의 셰일가스shale gas 생산량이 지속적으로 증가했는데 글로벌 원유 수요를 해소하기에는 턱없이 부족했죠. 하지만 2019년 하반기 들어서면서 하락세를 보이던 유가는 2020년 초 코로나 19 팬데믹을 맞으며 추풍낙엽처럼 떨어졌습니다.

> 경민 4월에는 원유 선물 가격이 마이너스로 떨어지기도 했었죠. 그야말로 사상 초유의 사태라고 떠들썩했던 기억이 나요!

그 외에도 코로나 19로 인한 경제 봉쇄 등으로 2020년 상반기, 세계 경제는 침체의 늪으로 빠져 들었습니다. 하지만 3분기가 지나고 4분기에 들어서면서 조금씩 해빙의 모습을 보이기 시작하더니 원유 가격이 60달러 이상을 유지하고 있고, 구리 가격은 급등세를 나타내고 있어요. 글로벌 에너지 컨설팅 업체인 우드 맥킨지Wood Mackenzie의 〈2021년 에너지 산업의 테마와 리스크〉라는 보고서에 따르면, 2021년 글로벌 경기의 회복세와 함께 구리, 니켈, 리튬, 알루미늄, 코발트 등 비철금속에 해당하는 원자재 가격의 상승세가 예상된다고 합니다.

실제로 구리 가격은 꾸준히 상승 추세를 유지하며 2020년 3월 저점 대비 80% 이상 상승했고, 알루미늄과 아연 등도 85%와 60% 넘게 상승했어요. 유가도 회복세를 보일 것으로 보이는데 투자 시에는 수요보다 공급에 의해 가격이 결정된다는 점을 염두해둬야 합니다. 더불어 금 또한 상승할 가능성이 있지만 여타 원자재에 비해 상대적으로 상승폭은 적을 것으로 시장에서는 예상하고 있습니다. 이에 투자자들의 관심이 원자재에 다시 한번 몰리고 있는 상황에서 원자재에 투자하는 방법을 짚어보겠습니다.

먼저 금과 은 등 원자재 현물에 투자하는 전략❶번 포트폴리오이 있습니다. GLD US SPDR Gold Trust, SLV US iShares Silver Trust가 대표적인데, 이들은 금과 은 실물에 투자하는 상품으로 금과 은 현물 가격을 추종합니다.

다음으로 원유와 구리 등 원자재 선물에 투자하는 전략❷번 포트폴리오이 있습니다. 대표적인 상품으로 원유 선물 ETF인 USO US United States Oil Fund LP는 WTI 서부 텍사스 중질유 선물 중 근월물에 투자하는 ETF로써 국제 원유 가격을 추종하는 상품입니다. 그런데 USO의 투자자들 사이에서 USO 가격이 유가를 추종하지 못한다는 불만이 종종 나오고 있습니다. USO는 원유 실물이 아니라 원유 선물에 투자하는데, 국제 원유 가격은 실물과 선물 사이에 괴리가 발생하고 있고, 더욱이 원유 선물의 가격 구조에 따라서 추가적인 비용이 발생하기 때문입니다. 이와 관련해서는 파트 3의 원자재형 ETF 부분을 참고하면 좋겠습니다.

그리고 원자재 현물이나 선물에 투자하는 대신 채굴 기업이나 에너지 기업 및 원유 탐사·개발 기업에 투자하는 전략❸, ❹번 포트폴리오이 있습니다. 원자재 선물 가격을 정확하게 추종하지는 못하지만 원자재 가격과 높은 수준의 상관관계를 가지며, (원자재에 직접 투자하는 경우라면 얻을 수 없는) 배당 수익을 획득한다는 장점이 있죠.

원자재 가격 변화에 대응하는 투자 포트폴리오

❶

금 현물
100%

상품특성	적용 상품 사례
원자재 현물(금)	**GLD US** (SPDR Gold Trust)

❷

원유 선물
100%

상품특성	적용 상품 사례
원자재 선물 (원유)	**USO US** (United States Oil Fund LP)

❸

에너지 기업
50%

원유 탐사 및
개발 기업
50%

상품특성	적용 상품 사례
원유 탐사 및 개발 기업	**XOP US** (SPDR S&P Oil & Gas Exploration & Production ETF)
에너지 기업	**XLE US** (Energy Select Sector SPDR Fund)

❹

대형
금광 기업
40%

소형 금광 /
은광 기업
60%

상품특성	적용 상품 사례
소형 금광 / 은광 기업	**GDXJ US** (VanEck Vectors Junior Gold Miners ETF)
대형 금광 기업	**GDX** (VanEck Vectors Gold Miners ETF)

바이든 정부의 정책 기조, ESG

바이든 민주당 후보가 미국 제46대 대통령으로 당선되면서 코로나 19에 대한 대응과 함께 경기 회복을 위한 정부 주도의 투자가 진행될 것이라는 기대감이 높은 상황입니다. 특히 바이든 대통령이 밝힌 공약과 발언을 통해 그 방향성을 짐작할 수 있는데요. 기후 변화에 대한 대응, 노동과 고용 환경의 개선, 다양성과 인권의 존중, 중산층의 재건 등 친환경 투자와 경제 공정성 확보가 그것입니다.

> 경민 대규모 친환경 인프라 투자를 통해 기후 변화에 대응하면서, 동시에 고용도 창출하고, 최저임금 인상과 실업급여 확대를 통해 중산층을 재건·확대하며, 여성과 비非백인 그리고 이민자의 인권을 존중하는 정책이라…. 요즘 엄청 많이 이야기되는 ESG 개념과 바이든 행정부의 정책 방향성이 맞아떨어지는 것 같아요.

맞습니다. 한 마디로 요약하면 환경과 사회 그리고 지배구조 등 ESG 요소 Environmental(환경), Social(사회), Governance(지배구조) 등 기업의 가치에 영향을 주는 비재무적 요소들이 중시됨을 알 수 있습니다. 실제로 2021년부터 본격적으로 ESG 요소가 글로벌 기업을 비롯한 많은 투자자의 투자 판단에 있어 중요한 지표가 될 것으로 전망됩니다.

전 세계에 걸쳐 7조 8천억 달러의 자금을 운용하고 있는 블랙록은, 2020년 안에 자사의 모든 액티브 펀드 매니저들이 투자 전반에 걸쳐 ESG 요소 및 리스크를 고려해야 할 것이라 밝힌 바 있습니다. 또한 인베스코, 골드만 삭스, 스테이스 스트리트 등 다른 대형 자산운용사들도 ESG 상품을 확대하기 위해 ESG 전문인력 확보 등에 대규모 투자를 지속하고 있어요.

모닝스타에 따르면, 2020년 4분기 기준 글로벌 ESG 펀드로의 자금 유입은 1,523억 달러로, 전분기 대비 88% 증가했습니다. 특히 유럽과 미국 이외의 지역에서 자금 유입세가 지속되었는데요. 캐나다와 호주, 뉴질랜드, 일본, 아시아 국가들의 ESG 펀드로 111억 달러가 유입되었죠. 또한 2020년 들어 새로 출시된 1,000여 개의 전 세계 ETF 중 ESG ETF가 300여 개에 달해 전체의 30%를 차지하고 있습니다.

코로나 19 팬데믹과 함께 대외 불확실성으로 인해 증시 변동성은 매우 컸던 반면에 글로벌 ESG 펀드로의 유입 자금은 매 분기 확대되었습니다. 그 배경으로는 ❶ 코로나 19 위기를 통해 ESG 이슈에 대한 투자자 관심이 확대된 점, ❷ 지난해 ESG 펀드들의 평균 성과가 시장을 상회하면서 수익률에 대한 의구심이 완화된 점 등을 들 수 있습니다.

2020년 미국 ETF 시장 내에서의 ESG ETF도 크게 확대되었습니다. 이들 상품이 가장 많이 투자하고 있는 분야는 환경으로, 청정에너지와 환경에 특화된 ETF들이 늘어난 것이죠. 이렇게 환경에 투자하는 경향은 ❶ 주요국들의 그린 뉴딜 정책 확대, ❷ 지속가능 투자에 대한 인식 개선, ❸ 재생 에너지원 발전 단가 하락 등 여러 요인들이 맞물리면서 더욱 증가할 것으로 판단됩니다. 더욱이 바이든 행정부의 대표 공약인 친환경 인프라 확대를 통한 경제 재건 기대감이 이러한 경향을 더욱 강화시키는 모양새입니다. 참고로 재생 에너지 중 가장 빠르게 발전하고 있는 분야는 태양광과 풍력이며 해당 분야에 투자하는 ETF 역시 빠르게 성장하고 있습니다.

ESG 부문에서 가장 큰 규모의 ETF로는, 미국 내 ESG 지수가 높은 기업에 투자하는 ESGU iShares ESG Aware MSCI USA ETF, 신흥국을 중심으로 ESG 지수가 높은 기업에 투자하는 ESGE iShares ESG Aware MSCI EM ETF가 있습니다. 그리고 ESG 부문에서 재생 에너지 등 환경친화 분야의 대표 상품으로는, 글로벌 태양광 기업에 투자하는 TAN Invesco Solar ETF, 미국 주식 시장 등에 상장된 청정에너지 관련 기업에 투자하는 QCLN First Trust NASDAQ Clean Edge Green Energy Index Fund 등이 있습니다.

또한 사회적 책임 분야의 대표 상품으로는 사회적 책임을 다하고 환경친화적인 기업에 주로 투자하는 SDG iShares MSCI Global Impact ETF, 미국 중대형 종목 중 성별의 다양성을 인정하는 기업에 투자하는 WOMN Impact Shares YWCA Women's Empowerment ETF, 미국의 흑인인권단체인 NAACP National Association for the Advancement of Colored People 기준에 부합되는 중대형 종목에 투자하는 NACP Impact Shares NAACP Minority Empowerment ETF 등이 있습니다.

ESG 트렌드에 대응하는 투자 포트폴리오

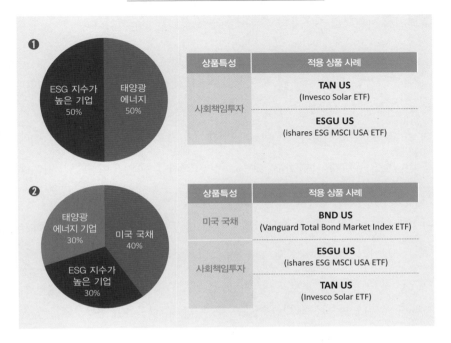

상품특성	적용 상품 사례
사회책임투자	**TAN US** (Invesco Solar ETF)
	ESGU US (ishares ESG MSCI USA ETF)

상품특성	적용 상품 사례
미국 국채	**BND US** (Vanguard Total Bond Market Index ETF)
사회책임투자	**ESGU US** (ishares ESG MSCI USA ETF)
	TAN US (Invesco Solar ETF)

성장주와 가치주, 자산 순환 투자에 대응하라

경기 상황에 따라 투자자의 시선이 이동하면 투자 자금도 이동하게 되죠. 투자 자금이 이동하는 주요 흐름에는 선진국에서 신흥국으로의 흐름, 대형주에서 소형주로의 흐름, 성장주에서 가치주로의 흐름 등 크게 3가지가 있습니다.

먼저 선진국에서 신흥국으로의 자금 이동은 연준의 기준금리 인하 이후로 조금씩 이어지고 있습니다. 더욱이 코로나 19 팬데믹 이후 연준의 통화 공급이 증가하면서 달러화의 약세가 이어지고 있고, 바이든 대통령 당선 이후 위

안화 강세와 함께 경기 반등 기대감으로 아시아 국가의 통화 강세 흐름이 지속되면서 신흥국으로의 자금 이동이 더욱 강화되는 모양새입니다.

지난 2020년 11월 둘째 주, 화이저와 바이오앤테크가 공동 개발한 코로나 19 백신이 임상 시험에서 90% 이상의 효과를 보였다는 소식이 전해졌죠. 세계 경제가 빠르게 회복할 것이라는 기대에, 3월 이후 큰 폭의 상승세를 보였던 줌 비디오 커뮤니케이션즈ZM가 20% 이상 하락하는 등 언택트 위주의 기술주가 급락했습니다. 반면 3월 들어 급락한 후 회복세가 더뎠던 가치주들은 코로나 19 백신의 임상 시험 결과 발표와 긴급 사용 승인 이후로 꾸준히 상승하는 추세를 보이고 있습니다. 실제로 다우존스 산업평균 지수는 최근 1년간2021년 5월 21일 기준 40% 가까이 상승했습니다.

한편, 코로나 19 백신에 대한 기대는 투자자들의 시선을 소형주로 이끌었습니다. 코로나 19 팬데믹으로 경직된 미국 내 경기가 백신 개발과 보급으로 인해 나아지리란 전망에 따른 것으로, 이러한 흐름이 2020년 10월 말부터 이어지고 있습니다. 미국을 대표하는 500대 기업으로 구성된 S&P 500 지수가 최근 1년간2021년 5월 21일 기준 40% 이상 상승한 데 비해 소형주를 대표하는 러셀 2000 지수는 64% 넘게 상승했습니다.

이렇듯 자산에 따른 순환 투자 흐름에 대응하기 위해 대형주와 소형주 그리고 가치주와 성장주를 중심으로 다음의 2가지 투자 포트폴리오를 제안합니다. 하나는 경기 회복세로 따라 가치주에 투자하는 전략❶번 포트폴리오, 다른 하나는 성장주에 투자하면서 보다 공격적으로 추가 수익률을 추구하는 전략

❷번 포트폴리오입니다.

　이러한 투자가 실제 가능한 것은 대형주와 소형주를 중심으로 가치주와 성장주로 구분하여 투자할 수 있는 상품이 있기 때문입니다. 대형 가치주에 투자하는 ETF로는 VTV US_{Vanguard Value ETF}가 있고, 대형 성장주에 투자하는 ETF로는 VUG US_{Vanguard Growth ETF}가 있습니다. 그리고 가치주와 성장주를 포함한 대형주에 투자하는 ETF로는 앞서 주식형 ETF에서 소개한 VT US_{Vanguard Large-Cap ETF}가 있죠.

　다음으로 소형 가치주에 투자하는 ETF로는 IWN US_{iShares Russell 2000 Value ETF}가, 소형 성장주에 투자하는 ETF로는 IWO US_{iShares Russell 2000 Growth ETF}가 대표적입니다. 그리고 가치주와 성장주를 포함한 소형주에 투자하는 ETF로는 역시 앞서 주식형 ETF에서 소개한 IWM US_{iShares Russell 2000 ETF}가 있습니다.

기업의 시가총액과 성향에 따른 ETF의 분류

구분	대형주	소형주
가치주	**VTV US** (Vanguard Value ETF)	**IWN US** (iShares Russell 2000 Value ETF)
성장주	**VUG US** (Vanguard Growth ETF)	**IWO US** (iShares Russell 2000 Growth ETF)
전체(가치주 + 성장주)	**VT US** (Vanguard Large-Cap ETF)	**IWM US** (iShares Russell 2000 ETF)

자산 순환 투자에 대응하는 투자 포트폴리오

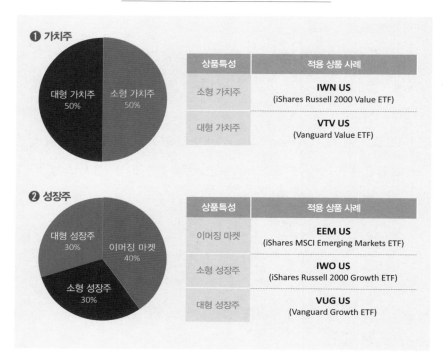

❶ 가치주

대형 가치주 50%
소형 가치주 50%

상품특성	적용 상품 사례
소형 가치주	**IWN US** (iShares Russell 2000 Value ETF)
대형 가치주	**VTV US** (Vanguard Value ETF)

❷ 성장주

대형 성장주 30%
이머징 마켓 40%
소형 성장주 30%

상품특성	적용 상품 사례
이머징 마켓	**EEM US** (iShares MSCI Emerging Markets ETF)
소형 성장주	**IWO US** (iShares Russell 2000 Growth ETF)
대형 성장주	**VUG US** (Vanguard Growth ETF)

속도보다 방향, 미래의 변화를 멀리 보고 준비하기

변화하는 미래에 한 발 앞서 대응하기 위한 투자 전략과
바로 적용 가능한 ETF 투자 포트폴리오

미래는 어떻게 다가올까요? 세상은 하루아침에 바뀌지 않습니다. 앞으로 일어날 일이 궁금하다면 지금 일어나고 있는 일들, 그리고 그것들이 보내는 시그널에 주목해야 합니다. 즉, 미래는 지금 이 순간 진행 중인 세상의 변화를 타고 옵니다. 긴 안목으로 투자하고자 한다면 그리고 남들보다 한 발 앞서 투자함으로써 큰 성공을 거머쥐고자 한다면 변화의 흐름_{방향성}에 부합되는 전략이 필요합니다.

이번 장에서는 4차 산업혁명, 공모주, 금리 인상, 액티브 ETF의 4가지 주요 흐름과 관련된 투자 전략을 알아보겠습니다.

점점 더 거세지는 제4의 물결, 어떻게 올라탈 것인가

2017년 이후, 투자 시장에서 가장 핫했던 키워드는 무엇일까요?

경민 인공지능? 가상현실VR과 증강현실AR? 드론과 자율주행차, 사물인터넷 IoT…, 최근엔 5G에 관한 이야기를 자주 듣고 있어요. 나열하다 보니 '4차 산업혁명'으로 압축할 수 있을 것 같아요.

말씀하신 것과 같이 다양한 첨단 기술이 사회 경제 전반에 융합되며 우리의 삶에 녹아드는 미래형 생활이 현실화되고 있습니다. 투자 시장에서는 제4차 산업혁명과 관련된 테마가 2016년 중반부터 관심을 끌기 시작하더니 2017년부터 본격화되었고, 2018년이 되자 국내외 여러 자산운용사가 관련한 콘셉트의 상품을 다양하게 내놓았습니다. 하지만 당시만 해도 대부분의 상품이 미국의 대형 기술회사들, 일본의 자동화 공정관련 기업들로 구성되는 한계가 있었죠.

2018년 필자는 공동 집필한 저서 ≪4차 산업혁명, 무엇을 알고 어디에 투자할 것인가≫를 통해 제4차 산업혁명의 내용을 8가지 메가 트렌드로 나누고 오는 2023년의 미래 모습을 그려본 바 있습니다. 8가지 메가 트렌드는 다음과 같습니다.

제4차 산업혁명을 구성하는 8가지 메가 트렌드

자료 : ≪4차 산업혁명 무엇을 알고 어디에 투자할 것인가≫

구분	메가 트렌드	내용
3C	**연결성** Connectivity	사물인터넷 기술이 적용된 전자제품들은 앞으로 모두 연결되어 인공지능 시스템으로 제어될 것.
	융합 Convergence	상이한 기업 및 기술의 합종연횡으로 새로운 가치가 창출되는 양상.
	중국 China	중국은 국가 차원에서 인공지능 분야를 육성하며 2030년까지 인공지능 최강국을 목표로 막대한 자금을 투입 중.
테크5	**인공지능**AI	본격화되는 인공지능 플랫폼 경쟁.
	5G	사물의 실시간 연결을 위한 필수 조건.
	사물인터넷IoT	핵심은 상시 온라인.
	3D	일상생활과 산업현장에서의 다양한 활용.
	모빌리티Mobility	소유에서 공유로, 자동차 가치의 변화는 진행 중.

그리고 현재, 제4차 산업혁명과 연관된 산업 분야와 그 경향성은 더욱 또렷해지는 모습입니다. 가장 두드러지는 분야는 5G와 데이터 센터 그리고 클라우드인데요. 그렇다면 어떤 방식으로 이들 분야에 쉽게 투자할 수 있을까요?

5G 분야에 투자하는 방법부터 살펴보죠. 최초의 5G 테마 ETF인 FIVG USDefiance Next Gen Connectivity ETF를 활용하면 5G 밸류체인에 해당하는 80여 개의 다양한 글로벌 기업에 분산 투자하는 효과를 누릴 수 있습니다.

5G 분야와 함께 데이터 센터에 투자하려면 통신 인프라와 데이터 센터 리츠에 특화된 SRVR USPacer Benchmark Data & Infra Real Estate SCTR ETF를 고려해 보세요. 제4차 산업혁명 시대를 맞아 대용량의 데이터 처리를 위해 급증하는

물리적 공간과 장비의 수요를 통해 수익률을 확보할 수 있습니다.

한편, 클라우드는 데이터를 인터넷과 연결된 중앙 컴퓨터에 저장함으로써 인터넷이 가능한 곳이라면 언제라도 해당 데이터를 이용할 수 있도록 하는 기술입니다. 클라우드 컴퓨팅 기업에 집중 투자하는 상품으로는 SKYY US First Trust Cloud Computing ETF가 있습니다.

> 경민 말씀하신 분야들은 저도 익히 들어왔지만, 솔직히 수박 겉핥기로 아는 수준이라 투자 결정을 내리기 쉽지 않을 것 같아요. 4차 산업혁명과 관련해 주로 거론되는 분야와 기술들이 어떻게 현실화될지, 실제로 얼마나 성장할지 의구심도 들고요.

비슷한 우려를 가진 분들을 위해 상대적으로 안정적인 투자 포트폴리오를 제시하겠습니다. 우선, 미국의 증권거래소 중 기술주들이 많이 상장되어 있는 나스닥NASDAQ에 주목해야 합니다. 나스닥에는 상대적으로 인터넷, 기술, 생명공학 등의 첨단산업 분야에 속해 있는 기업들이 많이 상장되어 있기 때문인데요. 애플, 마이크로소프트, 아마존, 페이스북, 알파벳, 인텔, 엔비디아 등 이름만으로도 이미 우리에게 익숙한 글로벌 테크 기업이 모두 모여 있다고 해도 과언이 아닙니다. 이에 나스닥 100 지수에 속하는 기술 기업에 투자하는 QQQInvesco QQQ Trust, 인공지능과 로보틱스와 관련된 테크 기업에 투자하는 BOTZGlobal X Robotics & Artificial Intelligence ETF와 함께 BNDVanguard Total Bond Market Index Fund ETF를 이용하면 미래에 투자하면서도 어느 정도 안전성을 담보할 수 있을 것입니다.

제4차 산업혁명에 대응하는 투자 포트폴리오

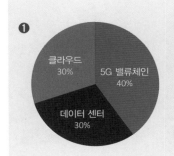

상품특성	적용 상품 사례
5G 밸류체인	**FIVG** (Defiance Next Gen connectivity ETF)
데이터 센터	**SRVR** (Pacer Benchmark Data & Infrastructure Real Estate SCTR ETF)
클라우드	**SKYY US** (First Trust Cloud Computing ETF)

상품특성	적용 상품 사례
미국 국채	**BND US** (Vanguard Total Bond Market Index ETF)
로보틱스 및 인공지능	**BOTZ US** (Global X Robotics & Artificial Intelligence ETF)
테크 기업	**QQQ US** (PowerShares QQQ Trust)

미국 혁신기술 테마 ETF 맵

자료 : Global X, 키움증권 리서치

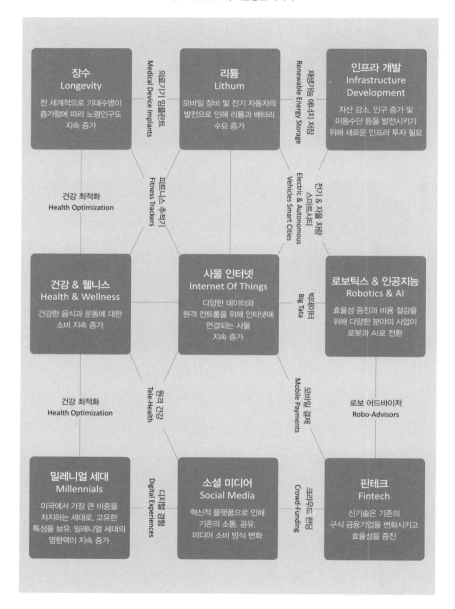

더욱 뜨거워지는 시장, 공모주 투자에 주목하라

2020년 한 해 국내 주식 시장은 천당과 지옥을 모두 경험했습니다. 2월 코로나 19 팬데믹이 전 세계를 덮치면서 연일 폭락하던 주가는 3월 13일에 코스피와 코스닥이 8% 급락하며 동시에 서킷브레이커가 발동되었고, 3월 19일에는 1457.64로 마감하며 역대 두 번째로 낮은 지수를 기록했죠. 장중 최저치는 이보다도 낮은 1439.43이었습니다. 그랬던 주가가 이후로는 서서히 회복하기 시작하더니 유동성과 개인투자자의 힘으로 매일 사상 최고치를 새로이 쓰고 있습니다. 코스피는 12월 4일 9년간의 '박스피'를 벗어나며 2,700선을 돌파했고, 이후 상승세를 이어오며 2021년 5월 3,100선을 지지하고 있습니다. 더불어 고객 예탁금과 거래대금 그리고 신용·융자 잔고 역시 모두 사상 최고치를 넘어섰습니다.

이와 함께 SK바이오팜과 카카오게임즈 등 대형 이벤트가 이어지면서 공모주 시장도 그 어느 때보다 뜨거웠습니다. 2020년 11월까지 새로 증시에 상장된 기업은 76개로 전년과 같았지만, 청약 증거금은 2019년의 3배인 약 300조 원에 달해 그야말로 대단한 시장이 만들어졌습니다. 비록 빅히트 엔터테인먼트의 상장과 함께 공모주 시장의 과열과 거품 논란이 이어지긴 했지만요.

이러한 공모주 열풍은 미국에서도 일어났습니다. 12월 11일 기준으로, 2020년 한 해 뉴욕증권거래소와 나스닥에 새로이 입성한 종목은 447개, 공모금액은 1,500억 달러를 기록했는데 이는 역대 최고 수준이었습니다.

그중에서도 워런 버핏의 버크셔 해서웨이가 2억 5천만 달러를 투자한 것으로 알려져 화제를 모은 스노우플레이크SNOW는 9월 16일 상장 첫날 공모가 대비 2배 이상 상승하며 미 소프트웨어 기업 중 사상 최대의 자금을 끌어모으면서 공모주 광풍을 이끌었습니다. 뒤이어 12월 9일 상장한 도어대시DASH는 첫날 85.79% 상승하며 33억 7천만 달러의 자금을 확보해 그해 뉴욕증권거래소 상장 최대 기록을 갈아치웠죠. 에어비앤비ABNB 역시 하루 뒤 상장하자마자 급등하면서 시가총액이 1,016억 달러에 이르며 메리어트 인터내셔널MAR과 익스피디아 그룹EXPE의 시가총액 합을 압도했습니다.

필자가 ≪미국 주식 스몰캡 인사이드2020년 5월 출간≫에서 소개했던 줌 비디오 커뮤니케이션즈ZM와 크라우드스트라이크 홀딩스CRWD를 비롯해, 핀터레스트PINS, 펠로톤 테크놀로지스PTON는 2019년 상장 이후 현재까지 벤치마크를 크게 상회하는 높은 수익률을 기록 중입니다.

그리고 IPO기업 공개와 함께 공모주 시장을 활활 타오르게 한 주인공이 있습니다. 바로 스팩SPAC입니다.

경민 처음에는 흔히 쓰는 '스펙'과 헷갈렸어요. 알고 보니, 공모를 통해 투자자들에게서 조달한 자금을 가지고 인수합병하는 것만을 목적으로 하는 회사, 그러니까 기업인수목적회사Special Purpose Acquisition Company의 줄임말이더군요.

미국의 경우 스팩이 2020년 전체 신규 상장건수의 절반을 차지하면서 1년 내내 공모주 시장의 불을 지폈습니다. 특히 코로나 19로 얼어붙은 상반기 공모 시장에서 현금으로 무장한 스팩은 상장을 원하는 비상장 기업들에 매력적인

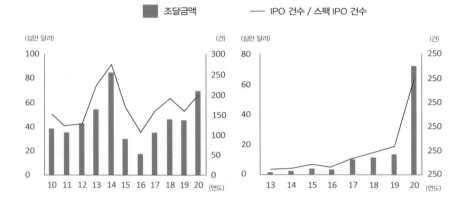

미국 IPO 시장(좌)과 미국 스팩 시장(우)

자료 : 키움증권 리서치

■ 조달금액   ── IPO 건수 / 스팩 IPO 건수

대안을 제시했어요. 스팩 합병을 통해 상장한 대표적인 종목으로는 2020년 7월 초 상장한 온라인 갬블링 및 스포츠 엔터테인먼트 회사인 드래프트킹스 DKNG, 11월 말 스팩 상장한 전고체 배터리 기술 회사 퀀텀스케이프QS 등이 있습니다. 이들의 주가는 급등세를 보이며 시장의 이목을 한몸에 받았습니다.

이러한 IPO 그리고 스팩 시장은 장기적으로 성장세가 기대됩니다. 코로나19 백신 보급에 따른 글로벌 경제 회복이 현실화되고, 제4차 산업혁명의 흐름이 더욱 강력해짐에 따라 헬스케어와 IT 등 성장 산업에서 눈에 띄는 기업들이 꾸준히 나타날 것이기 때문이죠.

경민 해외 주식 공모주에 투자할 방법이 있나요? 쿠팡이 뉴욕증권거래소에 상장할 때 제 주변 사람들도 관심이 많았지만, 개인이 해외 주식 공모주에 투자할 방법은 없다고 들었어요.

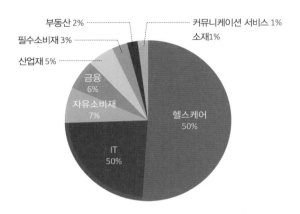

2020년 미국 IPO 섹터별 분류

자료 : 키움증권 리서치

부동산 2%
커뮤니케이션 서비스 1%
소재1%
필수소비재 3%
산업재 5%
금융 6%
자유소비재 7%
헬스케어 50%
IT 50%

아쉽게도 미국에서 상장하는 기업에 투자하려면 해당 기업이 상장한 후에 직접 매수하거나, ETF와 펀드를 통해 매수하는 방법밖에 없습니다. 국내 투자자가 미국 공모주 청약을 통해 투자하기란 사실상 불가능합니다. 게다가 상장 직후에는 초기 변동성도 큰 편이기 때문에 ETF를 통한 투자가 오히려 안정적이고 매력적이라 하겠습니다.

미국 IPO 및 스팩 기업에 투자할 수 있는 ETF로는 IPO Renaissance IPO ETF, FPX First Trust U.S. Equity Opportunities ETF와 SPAK Defiance Next Gen SPAC Derived ETF가 대표적입니다. 그리고 글로벌 IPO 기업들에 투자할 수 있는 FPXI, IPOS 등의 ETF도 찾아볼 수 있습니다.

IPO와 FPX는 최근 1년간 2021년 5월 21일 기준 각각 63%, 48% 상승해 모두 SPY의 42% 대비 높은 수익률을 달성 중이며, 지난 3년 수익률도 모두 SPY를 상회했습니다. 그 중에서도 IPO ETF는 전략 상 비교적 최신 상장 기업들에 대한 익스포저리스크에 노출되어 있는 금액를 제공한다는 점에서 매력적입니다. 3 분기 상장된 스노우플레이크도 IPO ETF에는 선제적으로 편입되었고, 12월 초에 상장된 도어대시와 에어비앤비도 편입되었습니다.

반면 미 증권거래위원회SEC는 스팩을 통한 IPO가 과열됨에 따라 감시를 강화하고, 회계 기준을 변경하는 등 규제를 강화하면서 수익률이 크게 하락하고 있습니다. 따라서 공모주를 활용한 투자를 고려한다면 이러한 상황을 지속적으로 살펴야 합니다.

공모주 투자 열기에 대응하는 투자 포트폴리오

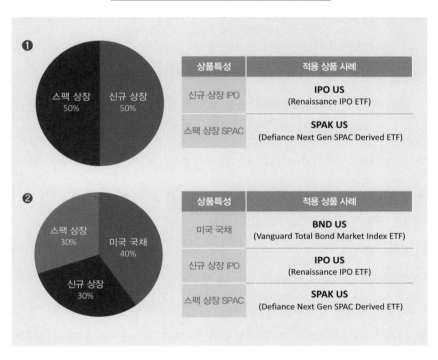

❶	상품특성	적용 상품 사례
스팩 상장 50% / 신규 상장 50%	신규 상장 IPO	**IPO US** (Renaissance IPO ETF)
	스팩 상장 SPAC	**SPAK US** (Defiance Next Gen SPAC Derived ETF)

❷	상품특성	적용 상품 사례
스팩 상장 30% / 미국 국채 40% / 신규 상장 30%	미국 국채	**BND US** (Vanguard Total Bond Market Index ETF)
	신규 상장 IPO	**IPO US** (Renaissance IPO ETF)
	스팩 상장 SPAC	**SPAK US** (Defiance Next Gen SPAC Derived ETF)

금리 인상, 금융주 상승에 대비하라

2018년 4월 말, 미국 국채 10년물 금리가 3%에 도달하는 상황이 발생했습니다. 거의 4년 만에 처음으로 미국 채권 금리가 3%에 도달함에 따라 시장에서는 향후 투자 시장에서 거대한 변화가 일어나는 것이 아닌가 하는 우려가 분분했었는데요. 그리고 2019년 7월 말 미국 연방준비제도가 2008년 12월 금융위기 이후 10년 7개월 만에 처음으로 기준금리 인하를 단행했고, 9월과 10월 말 연달아 기준금리를 인하하면서 2019년에만 세 차례에 걸쳐 0.75%포인트 하락해 1.50~1.75% 수준이 되었습니다. 이는 미중 무역분쟁과 글로벌 경기 침체에 대한 우려 그리고 미국 경기의 지속적인 확장을 유지하기 위한 연준의 판단에 따른 것이었죠.

이어서 5개월 후인 2020년 3월 3일, 연준은 기준금리를 0.5%포인트 기습 인하했습니다. 2008년 12월 이후 최대 인하폭이었는데 코로나 19가 팬데믹으로 번질 것이라는 우려와 함께 글로벌 경제의 불확실성이 커지자 선제 대응을 위한 것이라고 밝혔습니다. 그리고 곧이어 3월 15일, 기준금리를 0.00~0.25%로 1%포인트 추가 인하하면서 제로금리 수준으로 낮추고 현재까지 유지하고 있는 중입니다. 더불어 지난 12월 17일부터 현재까지, 오는 2023년까지 금리 인상은 없을 것이라고 밝히고 있습니다.

하지만 2021년 2분기부터 코로나 19 백신과 치료제가 본격 보급되면서 글로벌 경제 상황은 급격하게 나아지고 있습니다. 보복소비 등에 기인하여 글로벌 경기 회복이 본격화되고 경제 상황이 호전될 경우, 시장에 풀린 자금의 회수를 위해 서둘러 금리 인상 시기에 대한 고민이 시작될 수 있죠.

금리 인상은 채권 투자자와 주식 투자자들 모두에게 좋지 않은 영향을 가져옵니다. 기존에 채권에 투자한 경우, 채권 금리가 상승하면서 채권 가격이 하락하는 결과를 맞이하게 됩니다. 주식 투자자들의 경우, 기업의 자금 조달에 추가 비용이 발생하고 이는 기업 활동에 부담으로 작용하여 주가가 하락하는 결과를 맞닥뜨리게 되죠. 특히 지난 몇 년간 주가상승을 이끌었던 기술주는 자금 조달에 민감하게 반응하는 경우가 많고, 스타트업으로 불리는 신규 창업기업들의 활동 역시 조달 금리가 상승하면서 위축될 가능성이 있습니다.

경민 그렇지만 금리 인상으로 인해 수혜를 보는 분야도 있을 것 같은데요. 예를 들어 은행주 같은 경우엔 금리가 오르면 좋은 것 아닐까요?

맞습니다. 금융업종, 특히 은행업의 경우에 금리 인상은 최고의 호재 중 하나입니다. 한국의 경우도 마찬가지겠지만 미국의 경우 금리가 상승하는 구간에서 예금 금리 상승분보다 대출 금리 상승분이 먼저 움직이는 경우가 많아 '예대금리 마진대출이자에서 예금이자를 뺀 나머지 부분'이 개선되는 경향을 보입니다. 은행에 대출을 받고 있는 채무자의 입장에서는 고통스러울 수 있지만 채권자인 은행 입장에서는 더 많은 이자를 받을 수 있기에 주가 상승의 동력이 되죠.

특히 미 연준FED의 경우는 다른 국가들보다 먼저 금리 인상을 단행하고 있기 때문에 미국 은행들의 실적이 가장 먼저 개선될 가능성이 큽니다. 따라서 미국 금융주 ETF인 XLFFinancial Select Sector SPDR ETF와 미국 지방 은행주

ETF인 KRESPDR S&P Regional Banking ETF를 활용하면❶번 포트폴리오 금리 인상 이슈에 효과적으로 대응할 수 있을 것입니다.

특히 KRE는 한국의 지방 은행들이 그러하듯이 사업 구조가 대출에 집중하는 단순한 형태이기 때문에 금리 상승 시 이자 수익의 개선 효과가 보다 뚜렷하게 나타날 수 있습니다. 다만 상대적으로 지역 은행 등 소형 은행들이 대형 은행에 비해 변동성이 클 수 있다는 점도 꼭 기억하길 바랍니다.

경민 앞에서 금리가 인상되면 채권 가격이 하락하는 경향이 있다고 하셨는데, 이런 추세를 투자에 반영할 방법은 없는지 궁금해요.

이론적으로 채권 가격의 변동은 다음과 같이 계산됩니다.

채권 가격의 변동률 = −금리 상승폭(%) × 채권의 듀레이션(년)

예를 들어 금리가 1% 상승하고 채권의 듀레이션이 20년이라면 해당 기간 동안 채권 가격이 약 20% 하락하리라 예상할 수 있습니다. 미 연준은 오는 2023년까지 금리 인상이 없을 것이라고 주장하고 있지만, 경기 회복세와 인플레이션이 예상보다 강할 경우 생각보다 빠른 시점에 자산 매입 축소와 함께 금리 인상을 추진할 가능성이 있습니다. 그리가 오르면 채권 가격이 상승하므로 일부 공격적인 투자자들은 미국 국채 가격의 하락에 베팅하는 인버스 ETF❷번 포트폴리오를 고민하기도 합니다.

단, 레버리지·인버스 ETF를 활용할 경우, 앞서 강조한 바와 같이 그날 그날 청산하는 것이 바람직하다는 걸 반드시 명심하십시오. 이들 상품은 장기 수익률을 추종하는 것이 아니라 일일 기준 수익률을 추종하기 때문에 장기 투자에 적합하지 않습니다. 또한 채권 금리 역시 상승한다 하더라도 한 방향으로 상승하는 것이 아니라 등락을 거듭하는 모습을 보이므로 손실이 발생할 수 있습니다. 따라서 현명한 투자자라면 이러한 레버리지·인버스 ETF에는 보유 개념이 아니라 지속적인 매매 개념으로 접근할 필요가 있겠습니다.

금리 인상에 대응하는 투자 포트폴리오

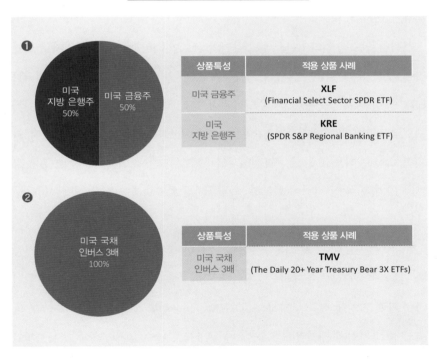

상품특성	적용 상품 사례
미국 금융주	**XLF** (Financial Select Sector SPDR ETF)
미국 지방 은행주	**KRE** (SPDR S&P Regional Banking ETF)

상품특성	적용 상품 사례
미국 국채 인버스 3배	**TMV** (The Daily 20+ Year Treasury Bear 3X ETFs)

액티브 ETF, 판을 뒤집다

2020년 가장 뜨거웠던 종목은 테슬라였습니다. 1년간 무려 740%가 넘는 주가 상승률을 기록한 테슬라. 그런데 이렇게 놀라운 테슬라의 성장성을 수년 전부터 알아본 사람이 있었으니, 바로 아크 인베스트ARK Invest의 캐서린 우드Catherine Wood입니다. 그녀는 지난 2018년 테슬라의 5년 내 목표주가를 700달러에서 4,000달러로 제시하면서 월가의 조롱 아닌 조롱을 받기도 했었죠. 그렇다면 2020년 2월 초 그녀가 제시한 테슬라의 5년 내 목표주가는 얼마일까요? 7,000달러입니다.

캐서린 우드는 얼라이언스 번스타인의 글로벌 테마 최고투자책임자로 12년간 근무한 투자 전문가로서, 아크 인베스트는 2014년 그녀가 설립한 액티브 ETF 중심의 자산운용사입니다. '파괴적 혁신Disruptive Innovation'을 투자의 기준으로 삼고 5개의 액티브 ETF와 2개의 인덱스 ETF를 운용하고 있으며, 파괴적 혁신을 이루고 있거나 파괴적 혁신이 기대되는 기업에 투자함으로써 코로나19 이후 주식 시장이 회복하는 상황에서 최고의 수익률을 거뒀습니다.

2020년 연초 이후 최고의 수익률을 기록한 상위 10위 ETF를 보면 유전공학 관련 기업에 집중 투자하는 ARKG USARK Genomic Revolution ETF, 차세대 인터넷 관련 기업에 집중 투자하는 ARKW USARK Next Generation Internet ETF, 파괴적 혁신 기업에 광범위하게 투자하는 ARKK USARK Innovation ETF 등 3개의 상품이 포함되어 있습니다. 금융 섹터의 혁신 기업에 집중 투자하는 ARKF USARK Fintech Innovation ETF도 최고 수익률 상위 20위 안에 이름을 올리면서 자

아크 인베스트가 운용 중인 ETF 현황

자료 : ETF.com, 2020년 12월 30일 기준

티커	정식명칭	연간 수익률	유형
ARKG	ARK Genomic Revolution ETF	188.92%	액티브
ARKW	ARK Next Generation Internet ETF	159.66%	액티브
ARKK	ARK Innovation ETF	158.12%	액티브
ARKF	ARK Fintech Innovation ETF	108.74%	액티브
ARKQ	ARK Autonomous Technology & Robotics ETF	107.93%	액티브
PRNT	3D Printing ETF	40.85%	인덱스
IZRL	ARK Israel Innovative Technology ETF	34.39%	인덱스

연히 액티브 ETF와 액티브 ETF 시장에 대한 투자자들의 관심도 급격히 높아졌죠.

경민 아크 인베스트가 ETF 시장의 판을 흔들었다고 해도 과언이 아닌데요. 그럼 액티브 ETF를 처음으로 만든 회사가 아크 인베스트인가요?

사실 미국 내 첫 번째 액티브 ETF는 지난 2008년 베어 스턴즈Bear Stearns가 출시한 YYYBear Stearns Current Yield ETF입니다. 당시 서브프라임 모기지 사태의 여파로 그해 10월 소멸되었죠. 같은 해 파워쉐어즈PowerShares, 위즈덤트리WisdomTree 등에서 총 14개의 액티브 ETF를 발행하며 시장의 기대가 높아졌

지만 금융위기로 역시 위축되었습니다.

2020년 상반기 기준으로 미국 내 상장된 ETF 가운데 액티브 ETF의 비중은 종목수 기준으로 17% 2,380여 개 중 400여 개, 운용자산 기준으로 3% 4조 3,800억 달러 중 1,200억 달러 정도를 차지하고 있습니다. 액티브 ETF로의 자금 유입 규모와 운용자산 규모도 꾸준히 증가 중입니다.

운용사 중에서는 퍼스트 트러스트First Trust가 55개의 액티브 ETF에 302억 달러에 달하는 자산을 운용하여 점유율 1위를 차지하고 있고, 이어서 핌코 PIMCO가 185억 달러에 달하는 자산을 운용하며 점유율 2위를 유지하고 있습니다. 그리고 종목수로는 큰 차이가 없으나 운용자산 규모를 볼 때 채권형이 900억 달러 이상을 차지하고 있어 여전히 주식형보다 채권형 액티브 ETF가 우세한 상황입니다.

참고로 국내 액티브 ETF 시장은 2017년 6월 최초 상장한 이래 아직 초기 단계 수준이에요. 2020년 상반기까지 출시된 국내 액티브 ETF는 모두 채권형으로 총 10개에 불과하지만 2020년 7월 들어 한국거래소가 유가증권시장 상장규정 시행 세칙을 개정해 주식형 액티브 ETF의 상장을 허용함으로써 국내 시장에서도 9월 말 첫 번째 액티브 ETF가 출시되었습니다. 단, 거래소 규정 상 국내 주식형 액티브 ETF는 비교지수와의 상관계수 0.7을 유지해야 합니다.

크래프트가 운용 중인 ETF 현황

수익률 기준 : 2021년 2월 12일 / NVQ, HDIV는 설정 1년 미만

티커	정식명칭	최근 1년 수익률	유형
QRFT	QRAFT AI-Enhanced U.S. Large Cap ETF	45.75%	액티브
AMOM	QRAFT AI-Enhanced U.S. Large Cap Momentum ETF	56.35%	액티브
NVQ	QRAFT AI-Enhanced U.S. Next Value ETF	-	액티브
HDIV	QRAFT AI-Enhanced U.S. High Dividend ETF	-	액티브
-	MSCI USA Large Cap Index	20.95%	참조지수

국내 핀테크Fintech 회사 중에서도 액티브 ETF에 출사표를 던진 회사가 있습니다. 뉴욕증권거래소에 4종의 ETF를 직접 출시한 크래프트 테크놀로지스Qraft Technologies, 이하 크래프트입니다. 크래프트는 인공지능 기반으로 미국 대형주 안에서 포트폴리오를 구성합니다. 위험조정 수익률을 극대화하는 목적으로 인공지능이 강화학습과 딥러닝을 통해 종목을 선정하는데, 일반적인 액티브 전략들은 변동성위험이 높은편임에 반해, 크래프트의 전략들은 벤치마크 수준의 변동성을 유지한 채로 초과수익을 내고 있어서 위험 관리에 기여할 가능성이 있습니다.

이상과 같이 판이 커지고 있는 액티브 ETF를 활용하여 3가지 투자 포트폴리오를 제안하려 합니다. 하나는 아크 인베스트의 대표 ETF 2개 종목에 투자하는 전략❶번 포트폴리오, 다음은 인공지능 ETF를 통해 변동성을 관리하며

초과수익을 추구하는 코어 포트폴리오를 마련한 후 아크 인베스트의 장기 성장 테마를 추구하는 ETF로 포트폴리오를 구축하는 전략❷번 포트폴리오, 마지막 하나는 시장의 변동기에 무게 추가 되어줄 수 있는 채권형 ETF와 변동성을 관리하며 초과수익을 기록하는 인공지능 전략 ETF와 함께 아크 인베스트의 대표 ETF 1개 종목에 투자하는 전략❸번 포트폴리오입니다.

자, 지금까지 28가지 투자 포트폴리오를 배워보았습니다. 이제부터는 이들 포트폴리오를 구성하는 글로벌 ETF 상품 하나하나에 관해 알아볼 차례입니다. 글로벌 ETF 마스터 오기석 이사와 함께 상품들의 면면을 상세히 살펴보시죠.

액티브 ETF를 활용하는 투자 포트폴리오

❶

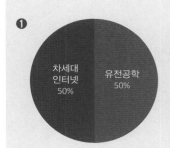

상품특성	적용 상품 사례
유전공학	**ARKG US** (ARK Genomic Revolution ETF)
차세대 인터넷	**ARKW US** (ARK Next Generation Internet ETF)

❷

상품특성	적용 상품 사례
인공지능 액티브	**QRFT US** (QRAFT AI-Enhanced U.S. Large Cap ETF)
유전공학	**ARKG US** (ARK Genomic Revolution ETF)
차세대 인터넷	**ARKW US** (ARK Next Generation Internet ETF)

❸

상품특성	적용 상품 사례
미국 국채	**BND US** (Vanguard Total Bond Market Index ETF)
인공지능 액티브	**QRFT US** (QRAFT AI-Enhanced U.S. Large Cap ETF)
혁신기업	**ARKK US** (ARK Innovation ETF)

PART 03

당신이 찾던 최고의 ETF, 여기에 다 있다!
글로벌 ETF 마스터하기

글로벌 ETF에 투자 전, 5가지부터 이해하라

본격적으로 대표상품을 알아보기에 앞서,
5가지 글로벌ETF의 종류부터 살펴보도록 하자.

안녕하세요. '글로벌 ETF 마스터' 오기석입니다. 지금까지 글로벌 ETF를 활용한 투자 포트폴리오를 살펴보았습니다. 이상의 28가지 포트폴리오는 지금 바로 적용할 수 있도록 구성돼 있죠. 하지만 포트폴리오를 이루고 있는 글로벌 ETF에 관한 이해가 없다면 '묻지마 투자'와 다름 없겠죠? 지금부터 저와 함께 28가지 포트폴리오 속 56개의 글로벌 ETF를 하나씩 익혀보겠습니다.

앞서 열일안차와 글로벌 ETF 투자 전략을 알아보았습니다. 이번에는 저와 함께하시죠. 포트폴리오들을 실제 활용하기 위해 가장 중요한 것은 무엇일까요?

안녕하세요, 이사님. 음, 포트폴리오에서 제시된 ETF들에 관해 공부가 더 필요할 것 같아요. 예를 들어 애플이라고 하면 아이폰, 아이패드, 맥북 등 사업 내용이 대강이나마 짐작이 되잖아요? 페이팔 하면 지불 결제 시스템, 엔비디아 하면 그래픽 카드 등 뭔가 딱 잡히는 게 있는데, ETF는 모두 처음 들어보는 명칭들이라 감이 잡히지 않더라고요.

제대로 이해하셨습니다. 전략이 아무리 좋다 하더라도 그 전략에 알맞은 상품을 제대로 알지 못한다면 그저 말로 시작해서 말로 끝나는 공염불에 그칠 뿐입니다. 전혀 모르는 난생처음 들어보는 회사에 투자할 수 없듯, ETF 역시 상품을 모르면 투자할 수 없겠죠?

먼저 글로벌 ETF의 종류에 대해 알아보겠습니다. 글로벌 ETF는 투자 대상 자산 또는 추종 대상 지수에 따라 주식형, 채권형, 원자재형, 스마트베타, 테마·섹터형 등 5가지로 분류할 수 있습니다.

글로벌 주식 시장에 투자하는 주식형 ETF

주식형 ETF는 가장 일반적인 형태로, 전 세계 주식 시장에 상장되어 있는 종목에 투자하는 상품입니다. 국가에 상관없이 세계적인 상장 기업에 투자하는 글로벌 주식형 ETF, 선진국 또는 신흥국 중 특정 국가의 상장 기업에 투자하는 국가별 주식형 ETF 등이 있습니다. 각종 주식 관련 지수를 추종하는

글로벌 ETF의 종류

주식형
가장 일반적인 형태.
글로벌 주식형, 국가별 주식형,
인덱스 지수 추종형 등

테마 · 섹터형
이슈가 되는 특정 산업 혹은
업종에 집중 투자

채권형
국가 또는 기업 채권에 투자
하는 채권형, 채권 금리형,
채권 지수 추종형 등

스마트베타형
배당주 투자, 변동성 최소화,
자사주 매매 정보 활용 등으로
위험은 줄이고 수익을 높임

원자재형
천연자원과 농산물 직접
투자형, 현물 지수 추종형,
커머디티 선물 지수 추종형 등

ETF도 주식형 ETF에 속합니다.

안정적인 투자가 가능한 채권형 ETF

채권형 ETF는 주식보다 수익률은 높지 않지만 상대적으로 안정적인 채권에 투자하는 상품입니다. 특정 국가 또는 기업의 채권에 주로 투자하는 채권형 ETF와, 만기가 다른 채권의 금리 차이를 이용해 투자하는 채권 금리형 ETF로 나뉩니다. 또 각종 채권 관련 지수를 추종하는 ETF도 여기에 속합니다. 참고로 채권형 ETF에 투자할 때 함께 고려되는 상품으로는 주요 국가의 통화와 환율 변화에 투자하는 통화형 ETF가 있습니다.

천연자원과 농산물에 투자하는 원자재형 ETF

원자재형 ETF는 금, 원유, 천연가스 등의 천연자원과 옥수수, 밀, 커피 등 농산물에 투자하는 상품인데요. 여기서 말하는 천연자원과 농산물을 흔히 커머디티commodity라고 합니다. 원자재형 ETF는 크게 천연자원과 농산물에 직접 투자하거나 원자재 현물 지수를 추종하는 ETF 그리고 각종 커머디티 선물에 직접 투자하거나 커머디티 선물 지수를 추종하는 ETF로 나뉩니다. 후자의 경우 파생상품에 투자하는 상품이므로 선물과 옵션 등의 투자 경험이 없는 경우에는 투자를 삼가야 합니다.

플러스알파의 수익을 추구하는 스마트베타 ETF

스마트베타 ETF는 기존 시가총액 중심의 지수나 포트폴리오 대신 기업의 내재 가치나 배당 수익률, 변동성 등 비가격적 요소와 이를 활용한 지수를 추종합니다. 위험은 줄이고 수익은 높이려는 목적으로 2010년대 초반부터 본격적으로 출시되고 있는 상품입니다.

스마트베타 ETF가 활용하는 주요 전략으로는 배당주 투자, 변동성 최소화, 자사주 매매 정보 활용 등이 있습니다.

트렌드에 적극 대응할 수 있는 테마·섹터형 ETF

마지막으로 테마·섹터형 ETF는 여러 종목들의 주가 등락에 공통의 원인이 되는 재료와 흐름, 현재 주목받고 있거나 향후 기대되는 특정 산업과 업종에 집중적으로 투자하는 상품입니다. 최근 각광받는 테마로는 제4차 산업혁명, 블록체인, 미세먼지 등이 있으며 주요 섹터로는 IT 산업, 전기차 산업, 방위 산업, 생명공학 산업 등이 있습니다.

그럼 지금부터는 5가지 종류별로 꼭 알아야 할 대표 상품에 대해 하나씩 알아보겠습니다. 참고로 여기서는 레버리지·인버스 상품은 소개하지 않으려고 합니다. 기회가 된다면 추후에 별도의 도서로 수업을 이어갈 예정이니, 우선 글로벌 ETF에 대한 올바른 이해와 활용에 공을 들여주기 바랍니다. (앞으로 소개되는 ETF 상품들의 포트폴리오 구성표와 그래프의 자료 출처는 ETF.COM이며 기준일은 2021년 5월 10일임을 밝힙니다.)

클릭 한 번으로 전 세계 주식 시장에 투자! 주식형 ETF

전 세계 유수의 기업들에 분산 투자하는 가장 쉬운 방법!
미국과 선진국, 신흥국 등 시장에 따른 주식형 ETF들을 소개한다.

코로나 19 팬데믹으로 위축되었던 주식 시장이 사상 최고가를 경신했다는 소식이 한동안 연일 뉴스를 달궜습니다. 미국이나 우리나라뿐 아니라, 일본 닛케이지수가 종가 기준 2만4천 선을 돌파했다거나 대만 증시가 사상 최고가를 다시 썼다는 등의 소식을 접하셨을 것입니다. 이런 소식을 들었을 때 일반적인 반응은 두 가지입니다. '나도 진작 투자해볼 걸 그랬네'라고 후회하거나, 그저 '딴 세상 이야기'로 치부하고 마는 것이죠.

경민 주식 등 경제 뉴스를 보다 보면 해외 증시 소식도 접하게 되는데, 어느 나라 증시가 최고가를 경신했다고 하면 아쉬운 마음이 드는 한편으로 '우리나라 증시도 잘 모르는데 다른 나라 주식 시장에 투자하는 건 어불성설 아닌가' 하는 생각도 들어요.

해외 증시 흐름에 관심을 가진다는 것 자체가 훌륭한 태도입니다. 물론 개별 국가의 세세한 경제 상황이나 종목을 자세히 알기는 어렵습니다. 하지만 이런 말이 있죠. '한 나라의 주식에 투자한다는 것은 그 나라의 미래에 투자하는 것이다.' 세계 경제 지도가 어떻게 변화할 것인지, 어떤 국가가 성장할 것인지에 대한 나름의 생각이 있다면 선진국이나 신흥국, 또는 개별 국가의 시장에 투자하는 것이 충분히 가능합니다.

그렇다면 신흥국이라면 대체 어떤 나라들을 포함시켜야 하며, 어느 국가의 주식 시장에 투자한다면 어떤 종목들을 포트폴리오에 담아야 할까요? 이 같은 고민은 주식형 ETF 상품을 통해 해결할 수 있습니다.

주식형 ETF는 다음과 같이 분류됩니다.

❶ 선진국 주식형 및 신흥국 주식형 상품 : 미국, 일본, 중국, 유럽, 브라질, 베트남 등 경제 성장이 꾸준한 선진국과 신흥국 중 특정 국가의 주식에 한정하여 투자.

❷ 글로벌 주식형 상품 : 특정 국가의 주식에 한정하지 않고 글로벌 주식이나 선진국 주식 또는 신흥국 주식에 집중적으로 투자.

여기서는 미국 주식형 4개 상품과 선진국 주식형 2개 상품 그리고 신흥국 주식형 7개 상품을 소개하겠습니다.

글로벌 주식 시장의 중심, 미국에 투자하는 ETF

DIA US
SPDR Dow Jones Industrial Average ETF Trust

DIA는 세계 3위 ETF 운용사인 스테이트 스트리트가 운용하는 ETF로, 미국을 대표하는 대형주 30개 종목을 바탕으로 한 다우존스 산업평균 지수 Dow Jones Industrial Average Index를 추종합니다. 올해로 23년째 이어져온 전통 있는 ETF로써, 미국 대표 우량주에 투자하면서 매월 배당을 받을 수 있다는 장점을 가지고 있습니다.

1998년 1월에 상장한 DIA의 운용자산 규모는 303억 달러 수준에, 1일 평균 거래금액은 13억 4천만 달러에 달합니다. DIA가 투자하고 있는 종목들의 평균 시가총액은 3,456억 달러에 이르며, 연간 단위로 배당 수익률은 1.86%, 수수료는 0.16%입니다.

DIA를 구성하는 포트폴리오를 보면 국적 기준으로 미국이 100%를 차지하고 있으며, 섹터 기준으로는 IT 비중이 20.85%로 가장 크고, 다음으로 산업재와 헬스케어 그리고 자유소비재 순입니다. 보유 중인 30개 개별기업 기준으로 가장 큰 비중을 차지하고 있는 3개 종목은 세계 최대 민간 건강보험 회사인 유나이티드헬스 그룹, 초대형 글로벌 투자은행인 골드만 삭스, 미국 1위 건축자재 및 인테리어 용품 소매업체인 홈 디포입니다. 그리고 상위 10개 종목이 차지하는 비중은 52%이며 5%를 초과하는 종목은 3개입니다.

DIA의 최근 1년간 주가 추이를 보면 최고가는 347.88달러, 최저가는 232.82달러이고, 수익률은 +47.54%입니다.

DIA의 수익률 추이

구분	최근 1개월	최근 3개월	2021년	최근 1년	최근 3년	최근 5년	최근 10년
DIA	4.07%	11.70%	13.80%	47.54%	14.81%	16.82%	13.16%
추종지수	2.88%	11.05%	14.22%	45.77%	14.58%	16.88%	13.29%

DIA의 포트폴리오를 구성하는 톱10

	섹터 비중			기업 비중		
1	IT	20.85%	1	유나이티드헬스 그룹	UNH	7.96%
2	산업재	17.77%	2	골드만 삭스	GS	6.45%
3	헬스케어	16.99%	3	홈 디포	HD	6.10%
4	자유소비재	16.96%	4	암젠	AMGN	4.82%
5	금융	15.41%	5	마이크로소프트	MSFT	4.72%
6	필수소비재	7.49%	6	캐터필러	CAT	4.59%
7	에너지	2.10%	7	맥도날드	MCD	4.46%
8	소재	1.28%	8	보잉	BA	4.36%
9	커뮤니케이션	1.16%	9	하니웰 인터내셔널	HON	4.35%
10	–	-	10	비자	V	4.29%

DIA의 최근 3년간 주가 추이

SPY US
SPDR S&P 500 ETF Trust

SPY는 세계 3위 ETF 운용사인 스테이트 스트리트가 운용하는 ETF로, 미국의 신용평가사인 스탠다드 앤 푸어스가 발표하는 S&P 500 지수를 추종합니다. SPY는 지금까지 출시된 글로벌 ETF 중 가장 오래되고 가장 잘 알려졌으며 가장 큰 규모의 ETF입니다. 미국 주식 시장의 대표 종목들에 한 번에 투자할 수 있다는 장점이 있습니다.

1993년 1월에 상장한 SPY의 운용자산 규모는 3,666억 달러에 달하고, 1일 평균 거래금액은 295억 달러가 넘습니다. 분기 배당을 지급하는 SPY가 투자하고 있는 종목들의 평균 시가총액은 4,703억 달러에 달하며, 연간 배당 수익률은 1.42%, 연간 수수료는 0.09%입니다.

SPY를 구성하는 포트폴리오를 보면 국적 기준으로 미국이 100%를 차지하고 있고, 섹터 기준으로는 IT 비중이 33.23%로 가장 크며 다음으로 자유소비재와 금융 그리고 헬스케어 순입니다. 보유 중인 507개의 개별기업 기준으로 가장 큰 비중을 차지하고 있는 3개 종목은 미국을 대표하는 프리미엄 IT 업체인 애플, 세계 최대 소프트웨어 회사인 마이크로소프트, 글로벌 1위 전자상거래 기업인 아마존닷컴입니다. 상위 10개 종목이 차지하는 비중은 26.62%이며 5% 이상의 비중을 차지하고 있는 종목은 2개입니다.

SPY의 최근 1년간 주가 추이를 보면 최고가는 422.12달러, 최저가는 281.60달러이고, 수익률은 +49.10%입니다.

SPY의 수익률 추이

구분	최근 1개월	최근 3개월	2021년	최근 1년	최근 3년	최근 5년	최근 10년
SPY	3.82%	9.23%	13.27%	49.10%	18.67%	17.68%	14.40%
추종지수	1.53%	7.51%	12.08%	45.31%	17.65%	17.25%	14.26%

SPY의 포트폴리오를 구성하는 톱 10

	섹터 비중			기업 비중		
1	IT	33.23%	1	애플	AAPL	5.65%
2	자유소비재	15.43%	2	마이크로소프트	MSFT	6.45%
3	금융	13.56%	3	아마존닷컴	AMZN	3.92%
4	헬스케어	12.55%	4	페이스북	FB	2.10%
5	산업재	9.60%	5	알파벳(클래스A)	GOOGL	1.94%
6	필수소비재	5.95%	6	알파벳(클래스C)	GOOG	1.89%
7	에너지	2.87%	7	버크셔 해서웨이(클래스B)	BRK-B	1.55%
8	유틸리티	2.64%	8	제이피모간 체이스	JPM	1.38%
9	소재	2.49%	9	테슬라	TSLA	1.35%
10	커뮤니케이션	1.57%	10	존슨 앤 존슨	JNJ	1.26%

SPY의 최근 3년간 주가 추이

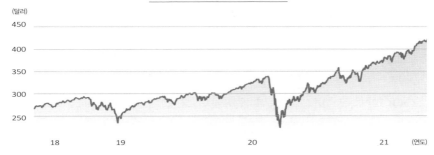

QQQ
Invesco QQQ Trust

QQQ는 세계 4위 ETF 운용사인 인베스코가 운용하는 ETF로, 미국의 나스닥NASDAQ에 상장된 종목 가운데 100개 종목을 기준으로 산정하는 나스닥 100 지수를 추종합니다. QQQ가 추종하는 나스닥 100 지수는 상대적으로 인터넷기술, 생명공학과 같은 첨단산업 비중이 높은 지수로, 제4차 산업혁명과 관련한 종목들도 다수 포함되어 있습니다.

1999년 3월에 상장한 QQQ의 운용자산 규모는 1,555억 달러 수준에, 1일 평균 거래금액은 152억 달러에 달합니다. 분기 배당을 지급하는 QQQ가 투자하고 있는 종목들의 평균 시가총액은 7,607억 달러에 이르며, 연간 단위로 배당 수익률은 0.70%, 수수료는 0.20%입니다.

QQQ를 구성하는 포트폴리오를 보면 국적 기준으로 보면 미국이 전체의 97%를 차지하고 있습니다. 섹터 기준으로는 IT 비중이 63.64%로 가장 크고, 다음으로 자유소비재 비중이 21.66%를 차지합니다. 보유 중인 103개 개별기업 기준으로 가장 큰 비중을 차지하고 있는 3개 종목은 미국을 대표하는 프리미엄 IT 업체인 애플, 세계 최대 소프트웨어 회사인 마이크로소프트, 글로벌 1위 전자상거래 기업인 아마존닷컴입니다. 그리고 상위 10개 종목이 차지하는 비중은 51.79%이며 5%를 초과하는 종목은 3개입니다.

QQQ의 최근 1년간 주가 추이를 보면 최고가는 342.01달러, 최저가는 219.34달러이고, 수익률은 +51.60%입니다.

QQQ의 수익률 추이

구분	최근 1개월	최근 3개월	2021년	최근 1년	최근 3년	최근 5년	최근 10년
QQQ	0.78 %	0.98%	6.65 %	51.60%	27.16%	26.99%	20.28%
추종지수	-3.52%	-2.62%	3.86%	44.69%	25.54%	26.41%	20.17%

QQQ의 포트폴리오를 구성하는 톱 10

	섹터 비중			기업 비중		
1	IT	63.64%	1	애플	AAPL	11.07%
2	자유소비재	21.66%	2	마이크로소프트	MSFT	9.73%
3	헬스케어	6.15%	3	아마존	AMZN	8.50%
4	필수소비재	3.77%	4	알파벳(클래스C)	GOOG	4.02%
5	산업재	2.32%	5	테슬라	TSLA	3.91%
6	커뮤니케이션	1.27%	6	페이스북	FB	3.85%
7	유틸리티	0.97%	7	알파벳(클래스A)	GOOGL	3.61%
8	-	-	8	엔비디아	NVDA	2.82%
9	-	-	9	페이팔 홀딩스	PYPL	2.27%
10	-	-	10	컴캐스트	CMCSA	2.09%

QQQ의 최근 3년간 주가 추이

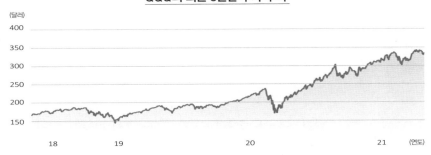

IWM US
iShares Russell 2000 ETF

IWM은 세계 1위 ETF 운용사인 블랙락이 운용하는 ETF로, 미국의 FTSE 러셀 사가 발표하는 중소형주 지수인 러셀 2000 지수Russell 2000 Index를 추종합니다. 러셀 2000은 시가총액 기준으로 미국 주식 시장 내 상위 3천 개 종목 중 상위 1천 개를 제외한 2천 개 종목으로 구성된 지수로, 우리나라의 코스닥 지수에 비유할 수 있습니다.

2000년 5월에 상장한 IWM의 운용자산 규모는 681억 달러에 달하고, 1일 평균 거래금액은 60억 달러가 넘습니다. 분기 배당을 지급하는 IWM이 투자하고 있는 종목들의 평균 시가총액은 37억 달러에 이르며, 연간 배당 수익률은 0.97%, 연간 수수료는 0.19%입니다.

IWM을 구성하는 포트폴리오를 보면 국적 기준으로 미국이 전체의 99% 이상을 차지하고 있으며, 섹터 기준으로는 금융의 비중이 21.29%로 가장 크고, 다음으로 헬스케어와 자유소비재 그리고 IT 순입니다. 보유 중인 2,044개의 개별기업 기준으로 가장 큰 비중을 차지하고 있는 종목은 카지노 및 게이밍 기업인 씨저스 엔터테인먼트, 온라인 카지노 및 스포츠 베팅 업체인 펜 내셔널 게이밍, 천연 식품원료 개발 회사인 달링 인그리디언츠입니다. 상위 10개 종목이 차지하는 비중은 3.96%이며 모두 1% 미만의 적은 비중을 차지하고 있습니다.

IWM의 최근 1년간 주가 추이를 보면 최고가는 234.42달러, 최저가는 123.12달러이고, 수익률은 +79.03%입니다.

IWM의 수익률 추이

구분	최근 1개월	최근 3개월	2021년	최근 1년	최근 3년	최근 5년	최근 10년
IWM	2.13%	1.87%	15.17%	79.03%	14.26%	16.80%	12.08%
추종지수	-1.33%	-2.83%	12.36%	68.31%	12.84%	15.97%	11.49%

IWM의 포트폴리오를 구성하는 톱 10

	섹터 비중				기업 비중		
1	금융	21.29%	1	씨저스 엔터테인먼트	CZR	0.65%
2	헬스케어	18.07%	2	팬 내셔널 게이밍	PENN	0.46%
3	자유소비재	15.75%	3	달링 인그리디언츠	DAR	0.40%
4	IT	13.85%	4	RH	RH	0.38%
5	산업재	13.42%	5	노바백스	NVAX	0.37%
6	소재	4.61%	6	빌더스 퍼스트소스	BLDR	0.97%
7	에너지	4.08%	7	리티아 모터스	LAD	0.34%
8	필수소비재	3.67%	8	데커스 아웃도어	DECK	0.33%
9	유틸리티	2.55%	9	플러그 파워	PLUG	0.33%
10	커뮤니케이션	1.01%	10	클리블랜드-클리프스	CLF	0.33%

IWM의 최근 3년간 주가 추이

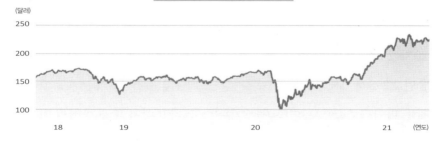

전 세계 주식 시장의 우량주, 한 번에 투자하는 ETF

ACWI US
iShares MSCI ACWI ETF

ACWI는 세계 1위 ETF 운용사인 블랙락이 운용하는 ETF로, 미국의 모건 스탠리 캐피털 인터내셔널Morgan Stanley Capital International Inc. , MSCI이 선진국 주식 시장과 신흥국 주식 시장을 포함한 전 세계 주식 시장에서 대형주의 움직임을 지수화한 올컨트리 월드 지수All Country World Index를 추종합니다. 클릭 한 번에 전 세계 주식 시장의 우량한 주식에 투자할 수 있는 편리한 ETF로, 자산 배분 입장에서 특히 매력적입니다.

2008년 3월에 상장한 ACWI의 운용자산 규모는 169억 달러 수준에, 1일 평균 거래금액은 2억 6천만 달러에 달합니다. 연간 단위로 배당을 지급하는 ACWI가 투자하고 있는 종목들의 평균 시가총액은 3,028억 달러에 이르며, 연간 기준 배당 수익률은 1.71%, 수수료는 0.32%입니다.

ACWI를 구성하는 포트폴리오를 보면 국적 기준으로 미국이 전체의 58%, 일본이 6%, 홍콩이 5% 정도를 차지하고 있으며, 섹터 기준으로 IT가 27.47%로 가장 크고, 다음으로 금융과 자유소비재 그리고 헬스케어 순입니다. 보유 중인 2,292개 개별기업 기준으로 가장 큰 비중을 차지하고 있는 3개 종목은 애플, 마이크로소프트, 아마존닷컴입니다. 그리고 상위 10개 종목이 차지하는 비중은 14.67%이며 1% 이상의 비중을 차지하는 종목은 6개입니다.

ACWI의 최근 1년간 주가 추이를 보면 최고가는 100.61달러, 최저가는 67.68달러이고, 수익률은 +50.07%입니다.

ACWI의 수익률 추이

구분	최근 1개월	최근 3개월	2021년	최근 1년	최근 3년	최근 5년	최근 10년
ACWI	3.52%	6.48%	10.90%	50.07%	13.92%	14.81%	9.78%
추종지수	1.85%	4.69%	9.94%	46.39%	13.02%	14.20%	9.45%

ACWI의 포트폴리오를 구성하는 톱 10

	섹터 비중			기업 비중		
1	IT	27.47%	1	애플	AAPL	3.38%
2	금융	16.90%	2	마이크로소프트	MSFT	2.76%
3	자유소비재	13.30%	3	아마존닷컴	AMZN	2.13%
4	헬스케어	10.94%	4	페이스북	FB	1.17%
5	산업재	10.53%	5	알파벳(클래스C)	GOOG	1.09%
6	필수소비재	6.85%	6	알파벳(클래스A)	GOOGL	1.07%
7	소재	4.92%	7	TSMC	(대만)	0.81%
8	에너지	3.75%	8	테슬라	TSLA	0.78%
9	유틸리티	2.81%	9	제이피모간 체이스	JPM	0.74%
10	커뮤니케이션	2.17%	10	텐센트 홀딩스	(중국)	0.69%

ACWI의 최근 3년간 주가 추이

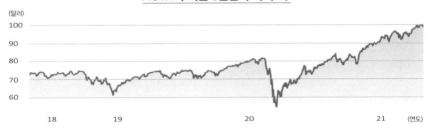

VEA US

Vanguard FTSE Developed Markets ETF

VEA는 세계 2위 ETF 운용사인 뱅가드 그룹이 운용하는 ETF입니다. 영국 파이낸셜타임스Financial Times와 런던증권거래소LSE가 1995년 공동으로 설립한 FTSE 인터내셔널에서 발표하는 글로벌 지수인 FTSE 인덱스FTSE Index를 추종합니다. 이 지수는 미국을 제외한 유럽과 일본 주식 시장을 지수화한 것으로, 미국 이외 선진국에 투자하고자 하는 경우에 활용합니다.

2007년 7월에 상장한 VEA의 운용자산 규모는 1,001억 달러 수준에, 1일 평균 거래금액은 4억 2천만 달러에 달합니다. 분기 단위로 배당을 지급하는 VEA가 투자하고 있는 종목들의 평균 시가총액은 668억 달러에 이르며, 연간 기준 배당 수익률은 2.22%, 수수료는 0.05%입니다.

VEA를 구성하는 포트폴리오를 보면 국적 기준으로 일본이 전체의 23%, 영국이 13%, 캐나다와 스위스가 각각 8% 정도를 차지하고 있습니다. 섹터 기준으로는 금융이 21.71%로 가장 크고, 다음으로 산업재와 자유소비재 그리고 IT 순입니다. 보유 중인 3,926개 개별기업 기준으로 가장 큰 비중을 차지하고 있는 3개 종목은 뱅가드 그룹이 운영하고 있는 시장 유동성 펀드, 세계 1위 메모리반도체 회사인 삼성전자, 세계적인 식품 회사인 네슬레입니다. 그리고 상위 10개 종목이 차지하는 비중은 10%이며 1% 이상의 비중을 차지하는 종목은 4개입니다.

VEA의 최근 1년간 주가 추이를 보면 최고가는 52.14달러, 최저가는 34.86 달러이고, 수익률은 +51.17%입니다.

VEA의 수익률 추이

구분	최근 1개월	최근 3개월	2021년	최근 1년	최근 3년	최근 5년	최근 10년
VEA	3.97%	7.85%	10.96%	51.17%	8.15%	10.90%	6.36%
추종지수	3.76%	6.80%	-	49.07%	8.04%	10.78%	-8.05%

VEA의 포트폴리오를 구성하는 톱 10

	섹터 비중			기업 비중		
1	금융	21.71%	1	뱅가드 캐시 매니지먼트 시장 유동성 펀드	-	3.23%
2	산업재	16.02%	2	삼성전자	(한국)	1.43%
3	자유소비재	12.67%	3	네슬레	(스위스)	1.35%
4	IT	11.34%	4	ASML 홀딩스	(네덜란드)	1.06%
5	헬스케어	9.63%	5	로슈 홀딩	(스위스)	0.98%
6	소재	8.75%	6	토요타 자동차	(일본)	0.83%
7	필수소비재	8.55%	7	노바티스	(스위스)	0.79%
8	에너지	4.66%	8	LVMH 모엣 헤네시 · 루이 비통	(프랑스)	0.72%
9	유틸리티	3.21%	9	AIA 그룹	(홍콩)	0.64%
10	커뮤니케이션	2.93%	10	SAP SE	(독일)	0.60%

VEA의 최근 3년간 주가 추이

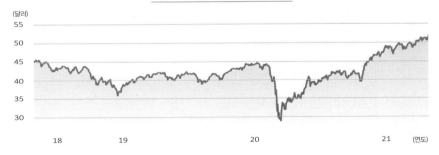

포스트 코로나 시대, 신흥국에 투자하는 ETF

EEM US
iShares MSCI Emerging Markets ETF

EEM은 세계 1위 ETF 운용사인 블랙락이 운용하는 ETF로, MSCI가 발표하는 이머징 마켓 지수MSCI Emerging Markets Index를 추종합니다. 우리나라를 포함한 주요 신흥국 주식 시장에 상장된 대표 기업에 투자하고 있습니다.

2003년 4월에 상장한 EEM의 운용자산 규모는 319억 달러 수준에, 1일 평균 거래금액은 21억 달러가 넘습니다. 반기 단위로 배당을 지급하는 EEM이 투자하고 있는 종목들의 평균 시가총액은 1,821억 달러에 달하며, 연간 단위로 배당 수익률은 1.83%, 수수료는 0.70%입니다.

EEM을 구성하는 포트폴리오를 보면 국적 기준으로 홍콩이 32%, 대만과 대한민국이 각각 13%를 차지하며, 섹터 기준으로는 IT가 38.26%로 가장 크고, 다음으로 금융과 자유소비재 순입니다. 보유 중인 1,140개 개별기업 기준으로 가장 큰 비중을 차지하고 있는 3개 종목은 글로벌 대표 파운드리 회사인 대만 반도체 제조, 중국 대표 인터넷 기업인 텐센트 홀딩스, 중국 1위 전자상거래 업체인 알리바바그룹 홀딩입니다. 그리고 상위 10개 종목이 차지하는 비중은 28%이며 5%를 초과하는 종목은 3개입니다.

EEM의 최근 1년간 주가 추이를 보면 최고가는 57.94달러, 최저가는 36.03달러이고, 수익률은 +54.05%입니다.

EEM의 수익률 추이

구분	최근 1개월	최근 3개월	2021년	최근 1년	최근 3년	최근 5년	최근 10년
EEM	2.09%	-2.76%	5.84%	54.05%	8.16%	13.10%	3.40%
추종지수	1.32%	-5.03%	4.77%	50.74%	7.72%	13.39%	3.90%

EEM의 포트폴리오를 구성하는 톱 10

	섹터 비중			기업 비중		
1	IT	38.26%	1	TSMC	(대만)	6.33%
2	금융	20.55%	2	텐센트 홀딩스	(중국)	5.46%
3	자유소비재	8.19%	3	알리바바그룹 홀딩	BABA	5.20%
4	소재	7.81%	4	삼성전자	(한국)	4.26%
5	필수소비재	5.75%	5	메이퇀	(홍콩)	1.60%
6	에너지	5.20%	6	내스퍼스	(남아공)	1.22%
7	산업재	4.53%	7	발리	(브라질)	0.98%
8	헬스케어	3.87%	8	중국건설은행	(홍콩)	0.92%
9	커뮤니케이션	2.34%	9	릴라이언스 인더스트리	(인도)	0.91%
10	유틸리티	2.04%	10	제이디닷컴	JD	0.80%

EEM의 최근 3년간 주가 추이

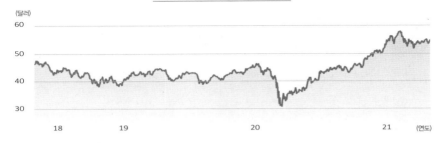

VWO US
Vanguard FTSE Emerging Markets ETF

VWO는 세계 2위 ETF 운용사인 뱅가드 그룹이 운용하는 ETF로, FTSE 가 발표하는 신흥국 시장 지수FTSE Emerging Markets Index를 추종합니다. 앞서 EEM과 달리 지수의 특성상 한국을 제외한 이머징 마켓에 투자하는 상품으로, 한국이 제외된 만큼 상대적으로 중국과 브라질, 인도 등의 비중이 높습니다.

2005년 3월에 상장한 VWO의 운용자산 규모는 804억 달러 수준에, 1일 평균 거래금액은 5억 1천만 달러에 이릅니다. 분기 단위로 배당을 지급하는 VWO가 투자하고 있는 종목들의 평균 시가총액은 1,591억 달러에 이르며, 연간 단위로 배당 수익률은 1.98%, 수수료는 0.10%입니다.

VWO를 구성하는 포트폴리오를 보면 국적 기준으로 미국이 100%를 차지하고 있으며, 섹터 기준으로는 IT 비중이 32.68%로 가장 크고, 다음으로 금융이 22.22%입니다. 보유 중인 4,046개 개별기업 기준으로 가장 큰 비중을 차지하고 있는 3개 종목은 중국 대표 인터넷 기업인 텐센트 홀딩스, 중국 1위 전자상거래 업체인 알리바바그룹 홀딩, 글로벌 대표 파운드리 회사인 대만 반도체 제조입니다. 상위 10개 종목이 차지하는 비중은 24.97%이며 1%를 초과하는 종목은 4개입니다.

VWO의 최근 1년간 주가 추이를 보면 최고가는 56.35달러, 최저가는 35.70달러이고, 수익률은 +53.10%입니다.

VWO의 수익률 추이

구분	최근 1개월	최근 3개월	2021년	최근 1년	최근 3년	최근 5년	최근 10년
VWO	2.67%	-1.71%	6.90%	53.10%	8.80%	12.78%	3.65%
추종지수	1.46%	-4.23%	5.68%	48.90%	7.87%	12.50%	3.58%

VWO의 포트폴리오를 구성하는 톱 10

	섹터 비중			기업 비중		
1	IT	32.68%	1	텐센트 홀딩스	(중국)	3.23%
2	금융	22.22%	2	알리바바그룹 홀딩	BABA	1.43%
3	자유소비재	8.46%	3	TSMC	(대만)	1.35%
4	소재	8.44%	4	TSMC sponsored ADR	TSM	1.06%
5	필수소비재	6.10%	5	뱅가드 캐시 매니지먼트 시장 유동성 펀드	-	0.98%
6	산업재	5.74%	6	메이퇀	(홍콩)	0.83%
7	에너지	5.61%	7	내스퍼스	(남아공)	0.79%
8	헬스케어	3.95%	8	릴라이언스 인더스트리	(인도)	0.72%
9	유틸리티	2.73%	9	중국건설은행	(홍콩)	0.64%
10	커뮤니케이션	2.43%	10	제이디닷컴	JD	0.60%

VWO의 최근 3년간 주가 추이

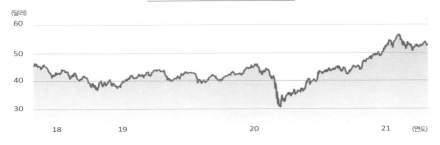

(달러)

18   19   20   21   (연도)

EWY US
iShares MSCI South Korea ETF

EWY는 세계 1위 ETF 운용사인 블랙락이 운용하는 ETF로, MSCI가 발표하는 한국 주가 지수 MSCI Korea 25/50 Index 를 추종합니다. 지난 해 '동학개미 운동'에 힘입어 우리나라 주식 시장이 크게 성장하면서 더욱 주목받고 있는 상품입니다.

2000년 5월에 상장한 EWY의 운용자산 규모는 69억 달러 수준에, 1일 평균 거래금액은 3억 5천 달러가 넘습니다. 연간 단위로 배당을 지급하는 EWY가 투자하고 있는 종목들의 평균 시가총액은 1,332억 달러에 이르며, 연간 단위로 배당 수익률은 1.47%, 수수료는 0.59%입니다.

EWY를 구성하는 포트폴리오를 보면 국적 기준으로 대한민국이 100%를 차지하고 있으며, 섹터 기준으로는 IT가 42.56%로 가장 크고, 다음으로 자유소비재와 산업재 그리고 금융 순입니다. 보유 중인 101개 개별기업 기준으로 가장 큰 비중을 차지하고 있는 3개 종목은 삼성전자, SK하이닉스, 네이버입니다. 그리고 상위 10개 종목이 차지하는 비중은 51.42%이며 3%를 초과하는 종목은 6개입니다.

EWY의 최근 1년간 주가 추이를 보면 최고가는 96.22달러, 최저가는 49.90달러이고, 수익률은 +84.70%입니다.

EWY의 수익률 추이

구분	최근 1개월	최근 3개월	2021년	최근 1년	최근 3년	최근 5년	최근 10년
EWY	2.41%	0.69%	8.77%	84.70%	9.94%	15.07%	5.04%
추종지수	3.35%	2.10%	9.50%	85.56%	10.27%	15.51%	5.79%

EWY의 포트폴리오를 구성하는 톱 10

	섹터 비중				기업 비중		
1	IT	42.56%	1	삼성전자			21.89%
2	자유소비재	12.10%	2	SK하이닉스			6.12%
3	산업재	9.93%	3	네이버			3.87%
4	금융	9.09%	4	LG화학			3.80%
5	소재	8.30%	5	삼성 SDI			3.17%
6	헬스케어	6.62%	6	현대자동차	(한국)		3.01%
7	필수소비재	5.43%	7	카카오			2.74%
8	에너지	4.00%	8	포스코			2.70%
9	커뮤니케이션	1.21%	9	셀트리온			2.12%
10	유틸리티	0.75%	10	KB금융			2.00%

EWY의 최근 3년간 주가 추이

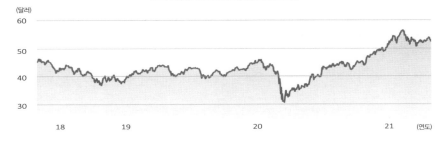

INDA US
iShares MSCI India ETF

INDA는 세계 1위 ETF 운용사인 블랙락이 운용하는 ETF로, MSCI가 발표하는 인도 주가 지수MSCI India Index를 추종합니다.

2012년 2월에 상장한 INDA의 운용자산 규모는 54억 달러 수준에, 1일 평균 거래금액은 1억7천만 달러가 넘습니다. 반기 단위로 배당을 지급하는 INDA가 투자하고 있는 종목들의 평균 시가총액은 549억 달러에 이르며, 연간 단위로 배당 수익률은 1.06%, 수수료는 0.69%입니다.

INDA를 구성하는 포트폴리오를 보면 국적 기준으로 보면 인도가 100%를 차지하고 있으며, 섹터 기준으로는 금융의 비중이 26.57%로 가장 크고, 다음으로 IT와 에너지 그리고 소재 순입니다. 보유 중인 99개 개별기업 기준으로 가장 큰 비중을 차지하고 있는 3개 종목은 인도 대표 다국적 기업인 릴라이언스 인더스트리, 시가총액 기준 인도 2위 IT 업체인 인포시스, 인도 최초의 전문 모기지 회사인 HDFC입니다. 그리고 상위 10개 종목이 차지하는 비중은 47.48%이며 3%를 초과하는 종목은 6개입니다.

INDA의 최근 1년간 주가 추이를 보면 최고가는 43.79달러, 최저가는 25.56달러이고, 수익률은 +63.83%입니다.

INDA의 수익률 추이

구분	최근 1개월	최근 3개월	2021년	최근 1년	최근 3년	최근 5년	최근 10년
INDA	2.52%	1.26%	6.27%	63.83%	8.48%	10.78%	-
추종지수	2.60%	0.53%	7.69%	65.07%	9.52%	11.53%	5.29%

INDA의 포트폴리오를 구성하는 톱 10

	섹터 비중			기업 비중		
1	금융	26.57%	1	릴라이언스 인더스트리		9.38%
2	IT	18.06%	2	인포시스		7.81%
3	에너지	12.14%	3	HDFC		7.28%
4	소재	10.43%	4	ICICI 은행		5.29%
5	필수소비재	9.73%	5	타타 컨설턴티 서비스	(인도)	4.99%
6	자유소비재	8.57%	6	힌두스탄 유니레버		3.37%
7	헬스케어	5.34%	7	액시스 은행		2.76%
8	산업재	3.56%	8	바자즈 파이낸스		2.54%
9	유틸리티	3.09%	9	바티 에어텔		2.37%
10	커뮤니케이션	2.52%	10	HCL테크놀로지스		1.69%

INDA의 최근 3년간 주가 추이

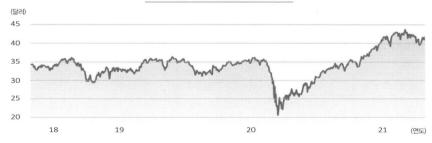

RSX US
VanEck Vectors Russia ETF

RSX는 미국의 중견 ETF 운용사인 밴이크가 운용하는 ETF로, 자회사에서 발표하는 러시아 지수MVIS Russia Index를 추종합니다. 미국 주식 시장에서 상장된 대표적인 러시아 ETF이며 준수한 유동성을 보이고 있습니다.

2007년 4월에 상장한 RSX의 운용자산 규모는 18억 달러 수준에, 1일 평균 거래금액은 1억 2천만 달러에 이릅니다. 연간 단위로 배당을 지급하는 RSX가 투자하고 있는 종목들의 평균 시가총액은 341억 달러에 이르며, 연간 단위로 배당 수익률은 5.17%, 수수료는 0.67%입니다.

RSX를 구성하는 포트폴리오를 보면 국적 기준으로 러시아가 전체의 74%를 차지하고 있으며, 섹터 기준으로는 에너지의 비중이 34.91%로 가장 크고, 다음으로 소재와 금융 순입니다. 보유 중인 30개 개별기업 기준으로 가장 큰 비중을 차지하고 있는 3개 종목은 국영은행인 스베르방크, 러시아 천연가스 업체인 가스프롬, 비철금속 생산기업인 노르니켈입니다. 그리고 상위 10개 종목이 차지하는 비중은 58.81%이며 5%를 초과하는 종목은 6개입니다.

RSX의 최근 1년간 주가 추이를 보면 최고가는 27.47달러, 최저가는 18.62달러이고, 수익률은 +40.8%입니다.

RSX의 수익률 추이

구분	최근 1개월	최근 3개월	2021년	최근 1년	최근 3년	최근 5년	최근 10년
RSX	9.0%	7.6%	-3.3%	40.8%	25.7%	61.4%	-29.9%
추종지수	9.4%	8.6%	-0.8%	47.8%	48.7%	104.3%	1.6%

RSX의 포트폴리오를 구성하는 톱 10

	섹터 비중			기업 비중		
1	에너지	34.91%	1	스베르방크 러시아		8.39%
2	소재	26.57%	2	가스프롬		7.83%
3	금융	16.32%	3	노르니켈		7.17%
4	IT	6.40%	4	루크오일		6.57%
5	필수소비재	5.90%	5	TCS 그룹 홀딩		5.45%
6	커뮤니케이션	4.34%	6	노바텍	(러시아)	5.41%
7	유틸리티	1.61%	7	폴리메탈 인터내셔널		4.74%
8	-	-	8	로스네프트 오일		4.55%
9	-	-	9	타트네프트		4.42%
10	-	-	10	폴리우스		4.28%

RSX의 최근 3년간 주가 추이

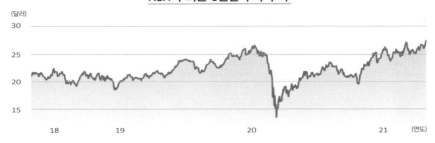

ASHR US

Xtrackers Harvest CSI 300 China A-Shares ETF

ASHR은 독일 DWS그룹이 운용하는 ETF로, 중국지수유한공사China Securities Index Company가 2005년부터 발표하는 CSI 300 지수CSI 300 Index를 추종합니다. 중국의 상해거래소와 심천거래소에 상장된 대형주에 주로 투자하는 상품이며 연간 6% 내외의 경제성장률을 유지하고 있는 중국 기업에 장기적으로 투자하고자 하는 경우에 고려할 만합니다.

2013년 11월에 상장한 ASHR의 운용자산 규모는 23억 달러 수준에, 1일 평균 거래금액은 1억 2천만 달러에 달합니다. 연간 단위로 배당을 지급하는 ASHR이 투자하고 있는 종목들의 평균 시가총액은 744억 달러에 이르며, 연간 단위로 배당 수익률은 0.87%, 수수료는 0.65%입니다.

ASHR을 구성하는 포트폴리오를 보면 국적 기준으로 중국이 71%, 홍콩이 29%를 차지하고 있습니다. 섹터 기준으로는 금융의 비중이 30.01%로 가장 크고, 다음으로 필수소비재와 IT 그리고 산업재 순입니다. 보유 중인 290개 개별기업 기준으로 가장 큰 비중을 차지하고 있는 3개 종목은 중국 최고의 백주 회사인 귀주 마오타이, 중국 1위 종합보험 업체인 평안 보험, 중국 최초의 주식제 상업은행인 중국초상은행입니다. 그리고 상위 10개 종목이 차지하는 비중은 26%이며 3%를 초과하는 종목은 3개입니다.

ASHR의 최근 1년간 주가 추이를 보면 최고가는 46.40달러, 최저가는 27.23달러이고, 수익률은 +42.22%입니다.

ASHR의 수익률 추이

구분	최근 1개월	최근 3개월	2021년	최근 1년	최근 3년	최근 5년	최근 10년
ASHR	0.28%	-8.38%	-2.62%	42.22%	10.21%	11.77%	-
추종지수	1.42%	-13.68%	-2.28%	41.82%	10.74%	12.97%	7.05%

ASHR의 포트폴리오를 구성하는 톱 10

	섹터 비중			기업 비중		
1	금융	30.01%	1	귀주 마오타이		5.05%
2	필수소비재	16.04%	2	평안보험		4.02%
3	IT	12.89%	3	중국초상은행		3.55%
4	산업재	12.52%	4	우량예 이빈		2.74%
5	헬스케어	9.31%	5	미디어 그룹		2.05%
6	자유소비재	8.14%	6	공상은행	(중국)	1.71%
7	소재	7.10%	7	항서제약		1.60%
8	유틸리티	2.02%	8	중국국제여행사		1.55%
9	에너지	1.90%	9	그리전기		1.55%
10	커뮤니케이션	0.04%	10	론지 그린에너지 테크놀로지		1.38%

ASHR의 최근 3년간 주가 추이

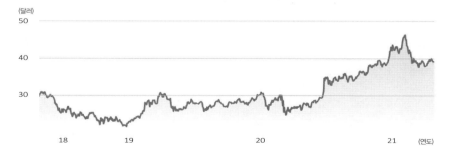

(달러)

VNM US
VanEck Vectors Vietnam ETF

VNM은 미국의 중견 ETF 운용사인 밴이크가 운용하는 ETF로, 자회사에서 발표하는 베트남 지수MVIS Vietnam Index를 추종합니다. 베트남에 투자하는 몇 안 되는 ETF 중 하나로써, VNM을 활용하면 직접 투자시 베트남 통화인 VND로 환전 후 매매해야 하는 복잡함과 높은 매매비용 등의 문제를 간단히 해결할 수 있습니다.

2009년 8월에 상장한 VNM의 운용자산 규모는 5억 1천만 달러 수준에, 1일 평균 거래금액은 400만 달러 수준입니다. 연간 단위로 배당을 지급하는 VNM이 투자하고 있는 종목들의 평균 시가총액은 60억 달러이고, 연간 단위로 배당 수익률은 1.11%, 수수료는 0.66%입니다.

VNM를 구성하는 포트폴리오를 보면 국적 기준으로 베트남이 65%, 대한민국이 20%, 대만이 9% 정도를 차지하고 있습니다. 섹터 기준으로는 금융의 비중이 38.06%로 가장 크고, 다음으로 IT와 필수소비재 그리고 자유소비재 순입니다. 보유 중인 30개 개별기업 기준으로 가장 큰 비중을 차지하고 있는 3개 종목은 베트남 최대 민간 기업인 빈 그룹, 부동산 회사인 노바랜드 투자 그룹, 베트남의 철강 대기업인 호아팟 그룹입니다. 그리고 상위 10개 종목이 차지하는 비중은 63.24%이며 5%를 초과하는 종목은 7개입니다.

VNM의 최근 1년간 주가 추이를 보면 최고가는 19.60달러, 최저가는 12.78달러이고, 수익률은 +45.3%입니다.

VNM의 수익률 추이

구분	최근 1개월	최근 3개월	2021년	최근 1년	최근 3년	최근 5년	최근 10년
VNM	3.3%	8.2%	9.4%	45.3%	7.5%	36.0%	-20.0%
추종지수	3.8%	9.7%	10.4%	50.0%	12.6%	48.2%	8.9%

VNM의 포트폴리오를 구성하는 톱 10

	섹터 비중			기업 비중		
1	금융	38.06%	1	빈 그룹		9.23%
2	IT	16.02%	2	노바랜드 투자 그룹		9.14%
3	필수소비재	14.54%	3	호아팟 그룹	(베트남)	8.03%
4	자유소비재	10.44%	4	비나밀크		6.37%
5	소재	9.04%	5	빈 홈즈		6.30%
6	헬스케어	4.95%	6	이클랫 텍스타일	(대만)	5.20%
7	산업재	4.93%	7	베트남 수출입은행	(베트남)	5.18%
8	유틸리티	1.83%	8	마산그룹		4.93%
9	-	-	9	펑타이 엔터프라이즈	(대만)	4.52%
10	-	-	10	마니	(일본)	4.34%

VNM의 최근 3년간 주가 추이

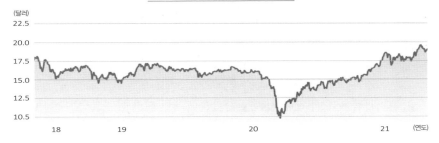

채권은 정부나 기관, 기업 등이 자금을 조달하는 중요한 수단 중 하나로, 발행 주체에 따라 정부가 발행하는 국채, 금융기관이 발행하는 금융채, 기업이 발행하는 회사채 등으로 나뉩니다. 채권 투자 하면 주식에 비해 안전한 투자, 예금에 비해 수익률이 높은 투자라는 인식이 높습니다. 그러나 개인 투자자가 접근하기에는 여전히 어려운 영역이기도 하죠. 투자 금액에 한계가 있는 데다, 금리 등 경제 정책 전반에 관한 전망이 필요하거든요.

경민 채권 투자에 관해 잠깐 찾아봤는데, 전문가가 아니고서는 접근하기 힘든 영역이라고 생각했어요. 예를 들어, 채권의 가격은 모두 금리로 표시되잖아요? 보기만 해도 머리가 아파지더라고요. 게다가 숫자가 너무 많고 용어도 복잡해서, 만약 채권에 관심을 가진다면 이만저만 공부가 필요한 게 아니겠구나 싶었어요.

맞습니다. 그런 이유로, 전체 채권 시장의 대부분은 국내외 기관 투자자들의 영역입니다. 하지만 어렵다고 해서 투자처로써 채권이 가지는 이점을 포기할 필요는 없겠죠? 해답은 글로벌 ETF에서 찾을 수 있습니다. 채권형 ETF 상품은 세계 각국이 발행한 중장기 국채 또는 기업들이 발행한 단기 채권 등에 투자합니다.

한편, 채권 금리형 ETF는 만기가 1개월에서 5년 사이인 변동금리 채권에 투자하는 상품입니다. 변동금리 채권FRN. Floating Rate Notes은 고정금리 채권과는 달리, 계약 기간 동안 투자자가 지급받는 이자율이 3~6개월마다 시장의 지표 금리에 연동되어 변하는 채권입니다.

변동금리 채권은 1970년대 유럽에서 처음 개발되었는데, 장기적인 금리 예측이 어려운 경우에 손실을 방어하기 위하여 만들어졌습니다. 그리고 지금은 금리 변동 위험을 헤징하는 중요한 수단으로 쓰이고 있습니다.

경민 투자자 입장에서는 금리 상승을 기대할 경우에 고정금리 채권보다 변동금리 채권이 확실히 유리하겠군요. 금리가 올라가는 만큼 초과이익을 얻을 수 있을 테니까요.

그렇습니다. 참고로 채권 금리형 ETF의 수익률 또한 채권형 ETF와 마찬가지로 상품 특성상 정산일을 기준으로 채권의 이자 수익을 포함해 계산합니다.

더불어 통화형 상품은 세계 각국의 통화와 미국 달러 간 환율 차이에 집중적으로 투자합니다.

채권형 ETF 투자는 만기와 금리에 대한 이해가 필수적이므로, 투자를 고려 중이라면 별도의 공부가 꼭 필요하다는 걸 강조하고 싶습니다. 여기서는 채권형 4개 상품과 채권 금리형 2개 상품을 소개하려 합니다. 더불어 경기 회복 이후 예상되는 금리 상승에 대응하기 위한 상품 2가지도 알려드리겠습니다.

국가의 중장기 채권, 기업의 단기 채권에 투자하는 ETF

BND US
Vanguard Total Bond Market ETF

BND는 인덱스 펀드의 명가이자 세계 최대 자산운용사인 뱅가드 그룹에서 운용하는 대표적인 미국 채권 ETF입니다. 뱅가드 그룹은 자산 배분을 위한 구성요소Building Block들을 위주로 ETF 상품들을 론칭하는 것으로 유명한 회사입니다. 뱅가드 채권 ETF의 경우에는 대표적인 채권 시장 지수인 블룸버그 바클레이즈Bloomberg Barclays의 채권 지수를 사용하고 있어 기관 투자가들이 포트폴리오 구축에 많이 활용합니다.

BND는 블룸버그 바클레이즈 집계 유동조정 지수Bloomberg Barclays U.S. Aggregate Float Adjusted Index를 추종하며, 미국 정부 혹은 기업이 발행한 국채, 회사채, MBS주택저당증권를 편입하고 있습니다. 하나의 ETF로 미국 채권 시장

전체에 익스포저exposure를 가져가기 좋은 도구라고 볼 수 있습니다.

2007년 4월에 상장한 BND의 운용자산 규모는 746억 달러 수준에, 1일 평균 거래금액은 4억 2천만 달러에 달합니다. BND가 투자하고 있는 채권의 종류는 18,390여 개, 듀레이션은 6.03년 이상이며 만기 수익률은 1.12%, 연간 수수료는 0.04%입니다.

BND의 포트폴리오를 보면 미 재무부가 발행한 미국 국채가 42% 이상이며, MBS가 21% 수준이고 그 외 회사채 등으로 구성되어 있습니다.

BND의 최근 1년간 주가 추이를 보면 최고가는 89.49달러, 최저가는 84.36달러이고, 수익률은 +0.12% 수준입니다.

BND의 수익률 추이

구분	최근 1개월	최근 3개월	2021년	최근 1년	최근 3년	최근 5년	최근 10년
BND	0.73%	-1.32%	-2.54%	0.12%	5.37%	3.17%	3.31%
추종지수	0.39%	-1.79%	-2.69%	0.27%	5.33%	3.19%	3.39%

BND의 포트폴리오를 구성하는 톱 7

	종목 비중	
1	미국 달러	3.17%
2	미 주택저장증권(이율 2%, 만기 2050년 10월 1일)	0.87%
3	미 국채(이율 0.25% 만기 2023년 6월 15일)	0.68%
4	미 국채(이율 1.5% 만기 2024년 11월 30일)	0.64%
5	미 국채(이율 0.125% 만기 2023년 1월 31일)	0.54%
6	미 국채(이율 0.875% 만기 2030년 11월 15일)	0.52%
7	미 주택저장증권(이율 2.5%, 만기 2050년 10월 1일)	0.51%

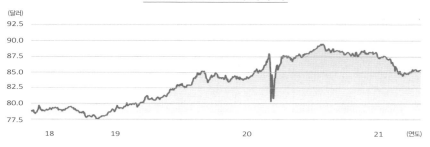

BND의 최근 3년간 주가 추이

TLT US
iShares 20+ Year Treasury Bond ETF

TLT는 세계 1위 ETF 운용사인 블랙락이 운용하는 ETF로, 뉴욕증권거래소의 모회사인 인터콘티넨탈 익스체인지ICE가 발표하는 미국 재무부 발행 20년 이상 채권 지수ICE U.S. Treasury 20+ Year Bond Index를 추종합니다. 만기가 20년 넘게 남은 미국의 장기 국채에 투자하는 대표적인 미국 장기 국채 ETF로써, 소액으로 미 국채에 투자할 수 있는 기회를 제공합니다.

2002년 7월에 상장한 TLT의 운용자산 규모는 127억 달러 수준에, 1일 평균 거래금액은 19억 달러에 달합니다. TLT가 투자하고 있는 채권의 종류는 38개, 듀레이션은 18.46년 이상이며 만기 수익률은 2.39%, 연간 수수료는 0.15%입니다.

TLT를 구성하는 포트폴리오를 보면 미 재무부가 발행한 채권 중 만기가 20년 넘게 남은 장기 국채를 중심으로 구성되고, 전체 자산에서 상위 10개 종목이 차지하는 비중은 60% 이상입니다. 보유 중인 미 장기 국채 중 이자율이 가장 높은 경우는 +4.75%, 가장 낮은 경우는 +1.25%이고, 만기가 가장 긴 것은

2051년 5월입니다.

TLT의 최근 1년간 주가 추이를 보면 최고가는 171.57달러, 최저가는 133.92달러이고, 수익률은 −15.01%입니다.

만기가 긴 채권들은 금리 인상기에 취약한 영향을 보이고 있어 개인 투자자들이 활용할 때 주의할 필요는 있습니다. 그럼에도 장기 국채의 가장 큰 효용은 시장의 불안감이 생기는 구간에서 상승하는 경향이 있으므로 본 상품이 포트폴리오의 균형감을 잡아주는 역할을 합니다.

TLT의 수익률 추이

구분	최근 1개월	최근 3개월	2021년	최근 1년	최근 3년	최근 5년	최근 10년
TLT	1.87%	-5.57%	11.27%	-15.01%	7.61%	3.58%	6.57%
추종지수	0.53%	-7.25%	-12.11%	-14.55%	7.44%	3.46%	6.66%

TLT의 포트폴리오를 구성하는 톱 7

	종목 비중	
1	미 국채(이율 1.875% 만기 2051년 2월 15일)	9.77%
2	미 국채(이율 3.0% 만기 2049년 2월 15일)	8.64%
3	미 국채(이율 3.0% 만기 2048년 8월 15일)	6.11%
4	미 국채(이율 2.875% 만기 2043년 5월 15일)	5.89%
5	미 국채(이율 3.125% 만기 2048년 5월 15일)	5.47%
6	미 국채(이율 3.125% 만기 2044년 8월 15일)	5.38%
7	미 국채(이율 3.0% 만기 2048년 2월 15일)	5.36%

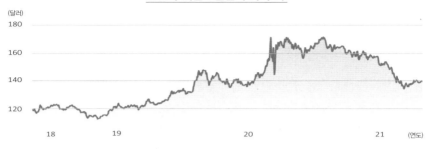

TLT의 최근 3년간 주가 추이

EMB US

iShares JP Morgan USD Emerging Markets Bond ETF

EMB는 세계 1위 ETF 운용사인 블랙락이 운용하는 ETF로, 제이피모간 J.P. Morgan이 신흥국이 미 달러화로 발행한 국채를 활용해 산출하는 EMBI 글로벌 코어 지수EMBI Global Core Index를 추종합니다. 만기가 최소 2년 이상 남은 채권에 투자하는 ETF로써 개인 투자자는 물론 기관 투자자들에게 적은 금액으로 러시아, 우루과이, 쿠웨이트, 에콰도르 등 다양한 신흥국 국채에 투자할 수 있는 기회를 제공합니다.

2007년 12월에 상장한 EMB의 운용자산 규모는 194억 달러 수준에, 1일 평균 거래금액은 4억 8천만 달러에 이릅니다. EMB가 투자하고 있는 채권의 종류는 559개, 듀레이션은 8.4년 이상이며 만기 수익률은 4.50%, 연간 수수료는 0.39%입니다.

EMB를 구성하는 포트폴리오를 보면 이머징 국가들의 장기 국채에 투자하고 있으며, 전체 자산에서 상위 10개 종목이 차지하는 비중은 7.2%입니다. 보유 중인 국채 중 이자율이 가장 높은 경우는 +5.75%, 가장 낮은 경우는 +0.75%이고, 만기가 가장 긴 것은 2070년 9월입니다.

　EMB의 최근 1년간 주가 추이를 보면 최고가는 115.91달러, 최저가는 101.13달러이고, 수익률은 +14.67%입니다.

EMB의 수익률 추이

구분	최근 1개월	최근 3개월	2021년	최근 1년	최근 3년	최근 5년	최근 10년
EMB	2.47%	-1.36%	-2.49%	14.67%	5.93%	4.86%	5.09%
추종지수	2.19%	-1.14%	-2.16%	14.96%	6.21%	5.32%	5.74%

EMB의 포트폴리오를 구성하는 톱 7

	종목 비중	
1	에콰도르 국채(이율 0.5%, 만기 2035년 7월 31일)	0.87%
2	러시아 국채(이율 0.5%, 만기 2047년 7월 23일)	0.79%
3	쿠웨이트 국채(이율 0.5%, 만기 2027년 3월 20일)	0.75%
4	우루과이 국채(이율 0.5%, 만기 2050년 6월 18일)	0.72%
5	카타르 국채(이율 0.5%, 만기 2048년 4월 23일)	0.61%
6	카타르 국채(이율 0.5%, 만기 2049년 3월 14일)	0.59%
7	우루과이 국채(이율 0.5%, 만기 2055년 4월 20일)	0.50%

EMB의 최근 3년간 주가 추이

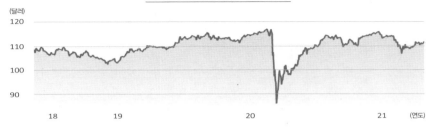

JNK US

SPDR Bloomberg Barclays High Yield Bond ETF

JNK는 세계 3위 ETF 운용사인 스테이트 스트리트가 운용하는 ETF로, 블룸버그Bloomberg와 바클레이즈Barclays가 공동으로 미국의 하이일드 채권을 이용해 산출하는 지수인 하이일드 채권 지수High Yield Very Liquid Index를 추종합니다. 주로 하이일드 채권, 고배당주, 리츠REITs, 부동산 투자 신탁, MLP 등과 같이 높은 배당 수익률을 기대할 수 있는 투자처에 분산 투자하는 전략인 하이인컴 전략을 사용하는 투자자들에게 적합한 상품 중 하나입니다.

2007년 11월에 상장한 JNK의 운용자산 규모는 100억 달러, 1일 평균 거래 금액은 10억 달러 수준입니다. JNK가 투자하고 있는 채권의 종류는 1,164개, 듀레이션은 3.76년이며 만기 수익률은 4.96%, 연간 수수료는 0.40%입니다.

JNK를 구성하는 포트폴리오를 보면 국적 기준으로 미국이 전체의 85%, 캐나다가 5%를 차지하고 있으며 섹터 기준으로는 산업재가 78.25%를 차지한 가운데 금융이 17.7%를 차지하고 있습니다. 보유 중인 채권 중 상위 10개 종목이 차지하는 비중은 7.8%입니다. 이자율이 가장 높은 경우는 +13.13%, 가장 낮은 경우는 +2.25%이고, 만기가 가장 긴 것은 2057년 2월입니다.

JNK의 최근 1년간 주가 추이를 보면 최고가는 109.64달러, 최저가는 97.08달러이고, 수익률은 +17.50%입니다.

JNK의 수익률 추이

구분	최근 1개월	최근 3개월	2021년	최근 1년	최근 3년	최근 5년	최근 10년
JNK	0.42%	0.86%	1.53%	17.50%	6.12%	6.65%	4.99%
추종지수	0.56%	0.77%	1.84%	17.13%	6.77%	7.18%	6.02%

JNK의 국적 및 섹터 비중

	국적 비중			섹터 비중	
1	미국	84.62%	1	산업재	78.25%
2	캐나다	4.49%	2	금융	17.70%
3	영국	1.89%	3	유틸리티	2.96%
4	룩셈브루크	1.64%	4	기업 –기타	1.05%
5	네덜란드	1.55%	5		

JNK의 포트폴리오를 구성하는 톱 7

	종목 비중	
1	회사채	0.87%
2	카니발 코퍼레이션, 회사채(이율 11.5%, 만기 2023년 4월 1일)	0.79%
3	트랜스다임, 회사채(이율 6.25%, 만기 2026년 3월 15일)	0.75%
4	알티스 프랑스, 회사채(이율 125%, 만기 2029년 7월 15일)	0.72%
5	쎈틴 코퍼레이션, 회사채(이율 4.625%, 만기 2029년 12월 15일)	0.61%
6	콜트 머저 서브, 회사채(이율 6.25%, 만기 2025년 7월 1일)	0.59%
7	아메리칸 에어라인스, 회사채(이율 5.5%, 만기 2026년 4월 20일)	0.50%

JNK의 최근 3년간 주가 추이

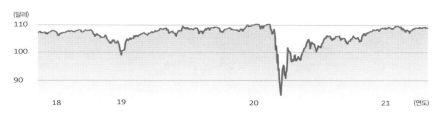

변동금리 채권에 손쉽게 투자하는 금리형 ETF

FLRN US
SPDR Bloomberg Barclays Investment Grade Floating Rate ETF

FLRN은 세계 3위 ETF 운용사인 스테이트 스트리트가 운용하는 ETF로, 블룸버그Bloomberg와 바클레이즈Barclays가 공동으로 발표하는 미국 5년 미만 변동금리 채권 지수U.S. Floating Rate Note < 5 Years Index를 추종합니다. 만기가 1개월에서 5년 사이의 변동금리 채권에 투자하는 상품으로, 미국을 비롯해 영국, 일본, 캐나다 등 다양한 국가의 '투자' 등급 채권에 투자합니다.

2011년 11월에 상장한 FLRN의 운용자산 규모는 23억 달러, 1일 평균 거래금액은 1,500만 달러 수준입니다. FLRN이 투자하고 있는 채권의 종류는 433개, 듀레이션은 0.12년이며 만기 수익률은 0.56%, 연간 수수료는 0.15%입니다.

FLRN를 구성하는 포트폴리오를 보면 국적 기준으로 미국이 전체의 60%, 영국이 9%, 캐나다가 6%를 차지하고 있으며 섹터 기준으로는 금융이 60.1%를 차지한 가운데 산업재가 18.59%를 차지하고 있습니다. 보유 중인 채권 중 상위 10개 종목이 차지하는 비중은 12.22%입니다. 보유 중인 채권 중 가장 큰 비중을 차지하고 있는 아시아개발은행 채권은 1.29%의 비중을 차지하고 있으며 만기는 2021년 12월입니다.

FLRN의 최근 1년간 주가 추이를 보면 최고가는 30.66달러, 최저가는 30.15달러이고, 수익률은 +2.26%입니다.

FLRN의 수익률 추이

구분	최근 1개월	최근 3개월	2021년	최근 1년	최근 3년	최근 5년	최근 10년
FLRN	0.03%	0.04%	0.25%	2.26%	1.85%	1.86%	-
추종지수	0.08%	0.11%	0.28%	2.35%	2.19%	2.17%	1.58%

FLRN의 국적 및 섹터 비중

	국적 비중			섹터 비중	
1	미국	60.17%	1	금융	60.10%
2	영국	8.74%	2	산업재	18.59%
3	캐나다	5.95%	3	정부기관	17.80%
4	일본	5.88%	4	유틸리티	2.96%
5	호주	3.51%	5	기업-기타	0.55%

FLRN의 포트폴리오를 구성하는 톱 7

	종목 비중	
1	아시아개발은행, 회사채(만기 2021년 12월 15일)	1.29%
2	모건 스탠리, 회사채(만기 2023년 1월 20일)	1.02%
3	인터아메리칸 개발은행, 회사채(만기 2022년 1월 15일)	0.98%
4	국제부흥개발은행, 회사채(만기 2023년 1월 13일)	0.88%
5	골드만 삭스, 회사채(만기 2023년 1월 23일)	0.86%
6	제이피모간 체이스, 회사채(만기 2023년 10월 24일)	0.84%
7	NWB은행, 회사채(만기 2021년 12월 15일)	0.80%

FLRN의 최근 3년간 주가 추이

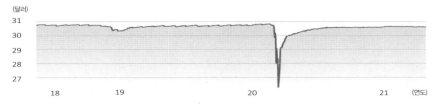

BKLN US
Invesco Senior Loan ETF

BKLN은 세계 4위 ETF 운용사인 인베스코가 운용하는 ETF로, S&P 글로벌과 LSTAthe Loan Syndications and Trading Association가 공동으로 개발한 미국 내 레버리지론 시장 지수U.S. Leveraged Loan 100 Index를 추종합니다. '투자' 등급 이하의 기업에 운용자금을 빌려주고 이자를 받는 변동금리형 선순위 담보대출인 시니어론senior loan(레버리지론 또는 뱅크론이라고도 불립니다)에 투자하는 상품으로, 기본적으로 대출의 성격을 가지고 있어서 금리 인상기에 가격이 하락하는 채권대비 매력도가 높습니다.

반면 BKNL에서 투자하고 있는 시니어론의 상당수는 '투기' 등급을 받은 기업들의 채권으로써 부도 리스크에 노출되어 있습니다. 언제나 기준금리 이상의 수익률을 제시하는 투자 상품은 그 위험이 명시되어 있거나 혹은 숨어 있다는 사실을 잊어서는 안되겠습니다.

2011년 3월에 상장한 BKLN의 운용자산 규모는 66억 달러 수준에, 1일 평균 거래금액은 1억 2천만 달러에 달합니다. BKLN이 투자하고 있는 시니어론의 종류는 122개, 수수료는 0.65%입니다.

BKLN를 구성하는 시니어론 중 상위 10개 종목이 차지하는 비중은 37.47%입니다.

BKLN의 최근 1년간 주가 추이를 보면 최고가는 22.46달러, 최저가는 20.76달러이고, 수익률은 +8.04%입니다.

BKLN의 수익률 추이

구분	최근 1개월	최근 3개월	2021년	최근 1년	최근 3년	최근 5년	최근 10년
BKLN	-0.06%	-0.90%	-0.32%	8.04%	2.45%	3.09%	2.82%
추종지수	0.20%	0.36%	1.64%	11.67%	4.14%	4.69%	3.90%

BKLN의 포트폴리오를 구성하는 톱 7

	종목 비중	
1	루멘테크놀로지, 2020년 1월 31일 TLB(Term Loan B, 만기 2027년 3월 14일)	1.46%
2	1011778 Bc Ulc, 2019년 11월 19일 TLB(Term Loan B, 만기 2026년 11월 19일)	1.42%
3	엔터프라이즈 머저 서브, 2018년 6월 10일 TLB(Term Loan B, 만기 2025년 6월 10일)	1.37%
4	차터 커뮤니케이션스, 2019년 10월 24일 TLB(Term Loan B, 만기 2027년 2월 1일)	1.35%
5	시저스 리조트 콜렉션, 2017년 9월 29일 TLB(Term Loan B, 만기 2024년 12월 22일)	1.34%
6	웨스턴 디지털, 2018년 2월 27일 TLB(Term Loan B, 만기 2023년 2월 27일)	1.30%
7	누리온 파이낸스, 2020년 1월 24일 TLB(Term Loan B, 만기 2025년 10월 1일)	1.27%

BKLN의 최근 3년간 주가 추이

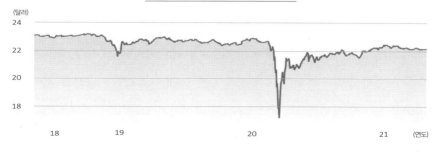

금리 상승에 대응하는 ETF

XLF US
Financial Select Sector SPDR Fund

XLF는 세계 3위 ETF 운용사인 스테이트 스트리트가 운용하는 ETF로, 스탠다드 앤 푸어스의 대형 금융주 지수Financial Select Sector Index를 추종합니다. 경기 회복세가 나타나면서 실질금리 인상이 지속되면 금융업종의 매력도는 더욱 증가할 것입니다. 한국도 그렇지만 미국 시장의 경우, 금리 상승 시점에는 예대마진이 개선되므로 금리 상승 테마에 베팅하려 한다면 개별 종목에 투자하는 것보다 ETF를 통한 바스켓 투자가 효과적일 수 있습니다.

1998년 12월에 상장한 XLF의 운용자산 규모는 438억 달러 수준에, 1일 평균 거래금액은 18억7천만 달러에 달합니다. 분기 단위로 배당을 지급하는 XLF가 투자하고 있는 종목들의 평균 시가총액은 2,109억 달러에 이르며, 연간 단위로 배당 수익률은 1.74%, 수수료는 0.12%입니다.

XLF를 구성하는 포트폴리오를 보면 국적 기준으로 미국이 100%를 차지하고 있으며, 섹터 내 산업 기준으로 뱅킹 서비스가 44.8%로 가장 크고, 다음으로 보험과 투자은행 순입니다. 보유 중인 65개 개별기업 기준으로 가장 큰 비중을 차지하고 있는 3개 종목은 워런 버핏이 이끄는 세계 최대 복합 기업인 버크셔 해서웨이, 미국 최고 은행인 제이피모간 체이스, 미국 대표 소매 은행인 뱅크 오브 아메리카입니다. 그리고 상위 10개 종목이 차지하는 비중은 54.66%이며 5%를 초과하는 종목은 3개입니다.

XLF의 최근 1년간 주가 추이를 보면 최고가는 37.78달러, 최저가는 21.29달러이고, 수익률은 +79.96%입니다.

XLF의 수익률 추이

구분	최근 1개월	최근 3개월	2021년	최근 1년	최근 3년	최근 5년	최근 10년
XLF	8.44%	22.86%	28.73%	76.96%	13.70%	17.34%	13.34%
추종지수	7.41%	21.21%	28.69%	73.31%	12.67%	17.20%	13.40%

XLF의 포트폴리오를 구성하는 톱 10

	산업 비중			기업 비중		
1	뱅킹 서비스	44.80%	1	버크셔 해서웨이(클래스B)	BRK-B	13.13%
2	보험	19.60%	2	제이피모간 체이스	JPM	11.64%
3	투자 은행	21.14%	3	뱅크 오브 아메리카	BAC	7.58%
4	전문&상업 서비스	4.46%	4	웰스 파고	WFC	4.55%
5	-	-	5	씨티그룹	C	3.71%
6	-	-	6	모건 스탠리	MS	3.11%
7	-	-	7	골드만 삭스	GS	3.02%
8	-	-	8	블랙록	BLK	2.93%
9	-	-	9	찰스 슈왑	SCHW	2.54%
10	-	-	10	아메리칸 익스프레스	AXP	2.45%

XLF의 최근 3년간 주가 추이

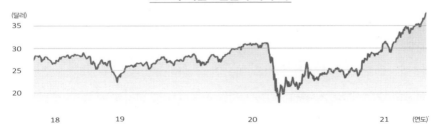

KRE US
SPDR S&P Regional Banking ETF

KRE는 세계 3위 ETF 운용사인 스테이트 스트리트가 운용하는 ETF로, 스탠다드 앤 푸어스가 발표하는 지역 은행주 지수Regional Banks Select Industry Index를 추종합니다. 종합금융 회사들과 사업 구조를 비교해보면 지역 은행들의 사업부문은 예금과 대출에 집중되어 있습니다. 따라서 금리 인상 시 좀더 민감하게 반응할 가능성이 높죠. 금리 상승이라는 테마에 보다 직접적으로 관련된 상품이기는 하지만 XLF 대비 중형주 비중이 높아서 지수 자체의 변동성이 높은 모습을 보입니다. 따라서 보다 공격적 성향의 투자자를 위한 상품이라고 할 수 있겠습니다.

2006년 6월에 상장한 KRE의 운용자산 규모는 561억 달러 수준에, 1일 평균 거래금액은 5억4천만 달러에 이릅니다. 분기 단위로 배당을 지급하는 KRE가 투자하고 있는 종목들의 평균 시가총액은 111억 달러가 넘고, 연간 단위로 배당 수익률은 2.27%, 수수료는 0.35%입니다.

KRE를 구성하는 포트폴리오를 보면 국적 기준으로 보면 미국이 100%를 차지하고 있으며, 섹터 내 산업 기준으로 은행이 100%를 차지하고 있습니다. 보유 중인 135개 개별기업 기준으로 가장 큰 비중을 차지하고 있는 3개 종목은 텍사스주 기반의 금융 서비스 회사인 코메리카, 미국 동부 지방에 주된 영업 기반을 둔 씨티즌스 파이낸셜 그룹, 미국 남동부 기반의 금융 서비스 회사인 퍼스트 호라이즌입니다. 상위 10개 종목이 차지하는 비중은 22.47%이며 5%를 초과하는 종목은 3개입니다.

KRE의 최근 1년간 주가 추이를 보면 최고가는 71.10달러, 최저가는 32.40

달러이고, 수익률은 +109.96%입니다.

KRE의 수익률 추이

구분	최근 1개월	최근 3개월	2021년	최근 1년	최근 3년	최근 5년	최근 10년
KRE	6.43%	20.71%	36.97%	109.96%	7.18%	15.35%	12.83%
추종지수	3.07%	15.53%	34.63%	106.09%	5.99%	15.00%	12.98%

KRE의 포트폴리오를 구성하는 톱 10

	기업 비중				기업 비중		
1	코메리카	CMA	13.13%	6	키코프	KEY	3.11%
2	씨티즌스 파이낸셜 그룹	CFG	11.64%	7	피프스 써드 뱅크	FITB	3.02%
3	퍼스트 호라이즌	FHN	7.58%	8	SVB 파이낸셜 그룹	SIVB	2.93%
4	퍼스트 리퍼블릭 뱅크	FRC	4.55%	9	웨스턴 얼라이언스 뱅크	WAL	2.54%
5	PNC 파이낸셜 서비시스	PNC	3.71%	10	스털링 뱅크	STL	2.45%

KRE의 최근 3년간 주가 추이

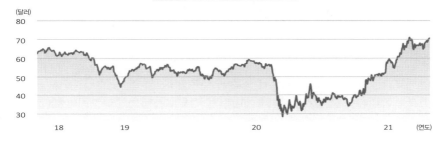

귀금속과 원유, 에너지 등 실물 대신 투자! 원자재형 ETF

강세를 보이고 있는 원자재 시장에 투자하는 ETF

경기가 회복세를 나타내며 원자재 가격이 꾸준히 상승세를 보이고 있습니다. 이 같은 상승 흐름 속에서 초과 수익을 기대할 수도 있으나, 본래 원자재는 자산 배분의 관점에서 접근하는 경우가 일반적입니다. 원유 외에도 투자처로 적합한 원자재로는 어떤 것들이 있을까요?

경민 안전 자산 하면 가장 먼저 금과 은 그리고 가격이 급등했던 구리 같은 금속류, 천연가스 등의 에너지가 떠오르는데요. 이런 원자재들 역시 ETF를 통해 투자할 수 있는 거겠죠?

물론입니다! 원자재형 ETF 중 귀금속 상품은 금과 은 등의 귀금속 현물과 선물 그리고 이들을 채취하는 기업에 투자합니다. 원유 상품은 원유 현물과 선물 등에 투자하며, 에너지 관련 기업 상품은 원유와 천연가스 등을 탐사하고 개발하거나 생산하는 기업에 투자합니다.

그런데 한 가지 주의할 점이 있습니다.

원자재형 ETF는 선물에 투자하는 파생상품이 많기 때문에 투자자의 많은 주의를 요한다는 사실입니다. 여기서는 비교적 운용 규모가 큰 글로벌 ETF 상품 가운데 귀금속에 투자하는 2개 상품, 원유에 투자하는 3개 상품 그리고 구리·리튬·농산물 등에 투자하는 3개 상품을 소개하겠습니다.

금과 은 등 귀금속에 투자할 수 있는 ETF

GLD US
SPDR Gold Trust

GLD는 세계 3위 ETF 운용사인 스테이트 스트리트가 운용하는 ETF로, 세계 최대의 금 ETF입니다. 실제로 금괴에 투자하면서 금 가격을 추종하는 상품으로 유명합니다. 뛰어난 유동성과 타이트한 호가 갭을 보이는 상품으로, 기관 투자자와 PB프라이빗 뱅커가 선호합니다. 실물 금에 직접 투자(100% 비중)하기 때문에 금 현물 가격을 잘 추종하므로 금 투자에 많은 관심을 가진 투자자라면 굳이 금을 사서 따로 보관할 필요 없이 GLD를 통해 실물 투자를 하는 것이 바람직합니다. 또한 수수료 등의 비용은 은행의 개인금고 비용이라고 생각하면 무리가 없습니다.

2004년 11월에 상장한 GLD의 운용자산 규모는 605억 달러 수준에, 1일 평균 거래금액은 12억 1천만 달러에 달하며 연간 수수료는 0.40%입니다. GLD의 최근 1년간 주가 추이를 보면 최고가는 193.89달러, 최저가는 157.57달러이고, 수익률은 +6.32%입니다.

GLD의 수익률 추이

구분	최근 1개월	최근 3개월	2021년	최근 1년	최근 3년	최근 5년	최근 10년
GLD	5.43%	1.05%	-3.80%	6.32%	11.25%	6.85%	1.68%

GLD의 최근 3년간 주가 추이

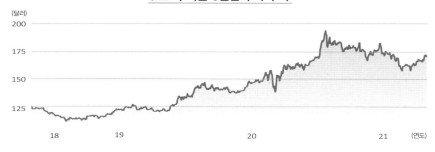

GDXJ US
VanEck Vectors Junior Gold Miners ETF

GDXJ는 미국의 중견 ETF 운용사인 밴이크가 운용하는 ETF로, 밴이크의 자회사 MVIS에서 발표하는 글로벌 소형 금광 기업 지수Global Junior Gold Miners Index를 추종합니다. 전 세계 주요 금광 기업에 투자하는 ETF인 GDX USVanEck Vectors Gold Miners ETF의 동생 격으로, GDX의 포트폴리오에 포함되지 않는 소형 광업 회사에 주로 투자합니다.

2009년 11월에 상장한 GDXJ의 운용자산 규모는 57억 달러에, 1일 평균 거래금액은 2억 6천만 달러로 GDX의 절반 수준입니다. 연간 단위로 배당을 지급하는 GDXJ가 투자하고 있는 종목들의 평균 시가총액은 31억 달러가 넘고, 연간 단위로 배당 수익률은 1.14%, 수수료는 0.53%입니다.

GDXJ를 구성하는 포트폴리오를 보면 국적 기준으로 캐나다가 61%, 호주가 13%, 남아프리카공화국이 10%를 차지하고 있으며 섹터 내 산업 기준으로 금이 64.57%로 가장 크고, 다음으로 종합 채광과 귀금속 순입니다. 보유 중인 94개 개별기업 기준으로 가장 큰 비중을 차지하고 있는 3개 종목은 남아프리카 공화국의 금광 업체인 골드 필즈, 캐나다의 은광 업체인 팬 아메리카 실버, 호주의 금광 회사인 에볼루션 마이닝입니다. 그리고 상위 10개 종목이 차지하는 비중은 39.33%이며 3%를 초과하는 종목은 5개입니다.

GDXJ의 최근 1년간 주가 추이를 보면 최고가는 63.63달러, 최저가는 42.28달러이고, 수익률은 +18.1%입니다.

참고로 금광업주들의 경우는 금 가격의 방향성과 높은 상관관계를 보인다는 점을 감안해야 합니다.

GDXJ의 수익률 추이

구분	최근 1개월	최근 3개월	2021년	최근 1년	최근 3년	최근 5년	최근 10년
GDXJ	4.6%	0.1%	28.3%	18.1%	49.2%	40.8%	-66.1%
추종지수	5.2%	0.6%	30.9%	21.5%	57.4%	54.7%	-57.0%

GDXJ의 포트폴리오를 구성하는 톱 10

	산업 비중			종목 비중		
1	금	64.57%	1	골드 필즈	GFI	6.52%
2	종합 채광	18.42%	2	팬 아메리카 실버	(캐나다)	6.31%
3	귀금속	14.99%	3	에볼루션 마이닝	(호주)	4.51%
4	특수 채광	0.86%	4	야마나 골드	(캐나다)	4.30%
5	환경 서비스 & 장비	0.36%	5	B2골드	(캐나다)	3.90%
6	-	-	6	인데버 마이닝	(캐나다)	2.90%
7	-	-	7	SSR 마이닝	(캐나다)	2.85%
8	-	-	8	알라모스 골드	(캐나다)	2.70%
9	-	-	9	퍼스트 마제스틱 실버	(캐나다)	2.69%
10	-	-	10	헤클라 마이닝	HL	2.65%

GDXJ의 최근 3년간 주가 추이

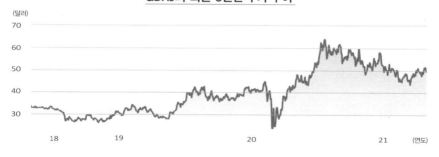

원유에 투자할 수 있는 ETF

USO US
United States Oil Fund LP

USO는 US 커머디티 펀드가 운용하는 ETF입니다. WTI 선물에 투자하여 유가 변동을 추종하는 상품으로, 미국에서 가장 큰 규모의 원유 선물 ETF이기도 합니다. WTI 선물에 투자하기 때문에 선물 만기가 다가오면 만기 전에 다음달 선물로 재투자하는 롤오버 전략을 수행하게 되는데 만기가 가까운 최근월물 선물에 투자하는 전략을 활용하고 있어서 매월 선물 롤오버 작업이 필요합니다.

선물 시장이 콘탱고를 보이는 경우에는 롤오버시 손실이 발생할 수 있어서 장기적으로 보면 유가 현물 가격과 가격 괴리가 발생할 수 있습니다. 최근월물 선물에 투자하는 것은 USO가 원유 현물 가격 변동과 단기적으로는 유사한 수익률을 기대하게 하지만 WTI 선물의 기간 구조에 따라서 매월 비용이 발생할 가능성도 있으니 투자시 유의해야 합니다.

2006년 4월에 상장한 USO의 운용자산 규모는 30억 달러 수준에, 1일 평균 거래금액은 2억 5천만 달러가 넘습니다. 상황에 따라 비중을 조절해 원유 선물에 투자하고 있으며, 연간 수수료는 0.02%입니다.

USO의 최근 1년간 주가 추이를 보면 최고가는 44.87달러, 최저가는 20.60달러이고, 수익률은 +117.05%입니다.

USO의 수익률 추이

구분	최근 1개월	최근 3개월	2021년	최근 1년	최근 3년	최근 5년	최근 10년
USO	8.74%	16.34%	34.60%	117.05%	-26.67%	-12.71%	-17.69%

USO의 포트폴리오 구성 현황

	섹터 비중			종목 비중		
1	에너지	100%	1	선물	-	53.49%
2	-	-	2	미국 달러	-	41.01%
3	-	-	3	골드만삭스 파이낸셜 스퀘어 거버먼트 펀드	-	5.49%

USO의 최근 3년간 주가 추이

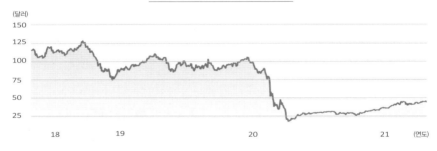

XLE US

Energy Select Sector SPDR Fund

XLE는 세계 3위 ETF 운용사인 스테이트 스트리트가 운용하는 ETF로, 스탠다드 앤 푸어스의 에너지 섹터 지수Energy Select Sector Index를 추종합니다. S&P 500 지수 내 에너지 기업으로 구성된 섹터 지수를 추종하므로 대형 에너지 주식에 집중되는 경향을 보입니다. 그리고 엑슨 모빌, 쉐브론과 같은 초대형 에너지 기업들이 유전에 대한 지분을 가지고 있는 경우가 많아 유가 상승으로 인한 기업 가치 상승이 이루어질 확률이 높습니다. 에너지 기업의 주식에 투자하기 때문에 원유 선물에 투자하는 USO와는 달리 롤오버 리스크가 없는 대신 유가의 움직임과 일치하지 않고 간접적인 영향을 받으면서 움직입니다. 이는 앞서 소개한 GLD와 GDXJ의 관계와 비슷하죠.

더불어 선물 투자에서는 발생하지 않는 배당 수익 역시 기대할 수 있습니다. 미국에서 에너지 섹터는 대표적인 배당주로 분류됩니다.

1998년 12월에 상장한 XLE의 운용자산 규모는 241억 달러 수준에, 1일 평균 거래금액은 15억 4천만 달러에 달합니다. 분기 단위로 배당을 지급하는 XLE가 투자하고 있는 종목들의 평균 시가총액은 1,171억 달러가 넘고, 연간 단위로 배당 수익률은 3.99%, 수수료는 0.12%입니다.

XLE를 구성하는 포트폴리오를 국적 기준으로 보면 미국이 100%이며, 에너지 섹터 내 산업 기준으로는 원유 및 천연가스 정제가 56.71%로 가장 크고, 원유 및 천연가스 탐사와 운송 그리고 관련 서비스 순입니다. 보유 중인 25개 개별기업 기준으로 가장 큰 비중을 차지하고 있는 3개 종목은 미국 1~2위 에너지 회사인 엑슨 모빌과 쉐브론, 빅데이터를 이용한 시추 덕분에 '석유 업계의 애플'로 알려진 EOG 리소시스입니다. 그리고 상위 10개 종목이 차지하는 비중은 77.61%이며 5%를 초과하는 종목은 3개입니다.

XLE의 최근 1년간 주가 추이를 보면 최고가는 53.63달러, 최저가는 27.71달러이고, 수익률은 +52.58%입니다.

XLE의 수익률 추이

구분	최근 1개월	최근 3개월	2021년	최근 1년	최근 3년	최근 5년	최근 10년
XLF	9.12%	27.36%	43.02%	52.58%	-5.05%	0.53%	-0.03%
추종지수	9.90%	18.91%	40.12%	48.41%	-6.95%	-0.03%	-0.09%

XLE의 포트폴리오를 구성하는 톱 10

	산업 비중			기업 비중		
1	원유 및 천연가스 정제	56.71%	1	엑슨 모빌	XOM	22.74%
2	원유 및 천연가스 탐사	23.51%	2	쉐브론	CVX	21.17%
3	원유 및 천연가스 운송	9.74%	3	EOG 리소시스	EOG	5.31%
4	원유 관련 서비스	8.59%	4	슐럼버거	CVX	4.84%
5	-	-	5	코노코필립스	COP	4.29%
6	-	-	6	매러선 페트롤리엄	MPC	4.23%
7	-	-	7	필립스66	PSX	4.04%
8	-	-	8	킨더 모건	KMI	3.87%
9	-	-	9	파이오니어 내추럴 리소시스	PXD	3.59%
10	-	-	10	발레로 에너지	PXD	3.51%

XLE의 최근 3년간 주가 추이

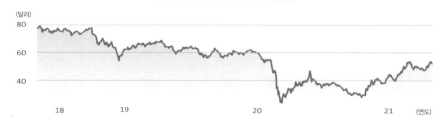

XOP US
SPDR S&P Oil & Gas Exploration & Production ETF

XOP는 세계 3위 ETF 운용사인 스테이트 스트리트가 운용하는 ETF 로, 스탠다드 앤 푸어스의 원유 및 천연가스 탐사 및 생산 산업 지수Oil & Gas Exploration & Production Select Industry Index를 추종합니다. 해당 섹터는 일반적으로 E&PExploration & Production 섹터라고 합니다. 일반 ETF들이 시가총액 비중에 따라 지수를 구성하는데 반해서 XOP는 섹터 내 기업에 동일 가중치로 투자합니다. XLE에 비해 상대적으로 유가에 보다 민감하다는 특성을 가지고 있으며 동시에 변동성도 높습니다. 동일 가중치로 운용하는 이유는 특정 대기업에 너무 많은 비중을 가져가지 않기 위한 것인데 반대로 소형주들의 비중은 높아지므로 이에 대한 적절한 판단이 필요합니다.

2006년 6월에 상장한 XOP의 운용자산 규모는 41억 달러 수준에, 1일 평균 거래금액은 5억 7천만 달러에 달합니다. 분기 단위로 배당을 지급하는 XOP 가 투자하고 있는 종목들의 평균 시가총액은 242억 달러에 이르며, 연간 단위로 배당 수익률은 1.56%, 수수료는 0.35%입니다.

XOP를 구성하는 포트폴리오를 국적 기준으로 보면 미국이 100%를 차지하고 있으며, 에너지 섹터 내 산업 기준으로 원유 및 천연가스 탐사가 64.37%, 원유 및 천연가스 정제가 23.74%의 비중을 나타내고 있습니다. 보유 중인 50개 개별기업 기준으로 가장 큰 비중을 차지하고 있는 3개 종목은 헤스, EOG 리소시스, EQT입니다. 그리고 상위 10개 종목이 차지하는 비중은 30.84%이며 5%를 초과하는 종목은 없습니다.

XOP의 최근 1년간 주가 추이를 보면 최고가는 91.11달러, 최저가는 40.66

달러이고, 수익률은 +75.13%입니다.

XOP의 수익률 추이

구분	최근 1개월	최근 3개월	2021년	최근 1년	최근 3년	최근 5년	최근 10년
XOP	5.92%	24.31%	48.77%	75.13%	-16.85%	-6.93%	-8.21%
추종지수	8.95%	14.74%	47.07%	63.50%	-18.36%	-7.32%	-8.64%

XOP의 포트폴리오를 구성하는 톱 10

	산업 비중				기업 비중		
1	원유 및 천연가스 탐사	64.37%	1	헤스	HES	3.28%
2	원유 및 천연가스 정제	23.74%	2	EOG 리소시스	EOG	3.19%
3	재생가능 연료	6.03%	3	EQT	EQT	3.18%
4	천연가스 유틸리티	1.20%	4	데본 에너지	DVN	3.12%
5	종합 원유 및 천연가스	0.71%	5	사우스웨스턴 에너지	XEC	3.09%
6	-	-	6	씨마렉스 에너지	XEC	3.05%
7	-	-	7	안테로 리소시스	AR	3.04%
8	-	-	8	매러선 페트롤리엄	MPC	2.99%
9	-	-	9	다이아몬드백 에너지	FANG	2.96%
10	-	-	10	랜지 리소시스	RRC	2.94%

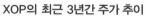

XOP의 최근 3년간 주가 추이

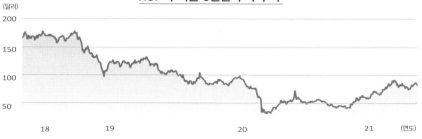

구리, 리튬, 농산물에 투자하는 ETF

CPER US
United States Copper Index Fund

CPER는 US 커머디티 펀드가 운용하는 ETF로, 구리 선물에 투자하여 구리 가격의 변동을 추종하는 유일한 상품입니다. 구리 선물에 투자하기 때문에 선물 만기가 다가오면 만기 전에 다음달 선물로 재투자하는 롤오버 전략을 수행하게 되는데 만기가 가까운 최근 월물 선물에 투자하는 전략을 활용하고 있어서 매월 2~3개의 선물 계약을 롤오버합니다. 반면 경기 회복 기대감이 반영되고 있는 상황에서 원자재 가격의 상승으로 인해 당분간 수익률을 기대할 만합니다. 참고로 구리 채광 기업에 투자하는 ETF로는 COPX US Global X Copper Miners ETF가 있습니다.

2011년 11월에 상장한 CPER의 운용자산 규모는 2억 9천만 달러 수준에, 1일 평균 거래금액은 800만 달러에 못미치는 등 규모는 상당히 적은 편입니다. 자산의 55%를 구리 선물에 투자하고 있고 나머지는 현금성 자산으로 보유 중이며, 연간 수수료는 0.80%입니다.

CPER의 최근 1년간 주가 추이를 보면 최고가는 29.02달러, 최저가는 14.79달러이고, 수익률은 +95.51%입니다.

CPER의 수익률 추이

구분	최근 1개월	최근 3개월	2021년	최근 1년	최근 3년	최근 5년	최근 10년
CPER	16.40%	29.93%	34.23%	95.51%	14.26%	15.45%	-
추종지수	16.74%	25.27%	33.98%	92.95%	14.31%	16.93%	-

CPER의 포트폴리오 구성 현황

	섹터 비중			종목 비중		
1	원자재	100%	1	선물	-	55.09%
2	-	-	2	골드만삭스 파이낸셜 스퀘어 거버먼트 펀드	-	36.12%
3	-	-	3	미국 달러	-	8.97%

CPER의 최근 3년간 주가 추이

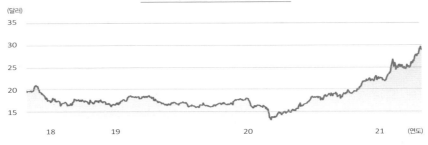

LIT US

Global X Lithium & Battery Tech ETF

LIT는 ETF 운용사인 글로벌 X가 운용하는 ETF로, 독일의 금융 지수 제공 회사인 솔랙티브가 발표하는 세계 리튬 지수Global Lithium Index를 추종합니다. 리튬 광산주 및 배터리 제조업체들에 투자하는 상품으로, 리튬 배터리 및 전기 자동차 테마에 주력하는 ETF입니다. 화석 연료를 사용하는 내연기관 자동차에서 배터리를 사용하는 전기 자동차로의 사업 패러다임 변화에 투자하는 상품이며 다양한 글로벌 기업에 투자합니다. 테슬라뿐만 아니라 전통의 자동차 제조업체들까지 전기 자동차 시대를 열어가고 있는 지금의 변화와 미래의 모습에 동의한다면 독자 여러분의 포트에 담아볼 만합니다.

2010년 7월에 상장한 LIT의 운용자산 규모는 30억 달러 수준에, 1일 평균 거래금액은 4,600만 달러에 달합니다. 연간 단위로 배당을 지급하는 LIT가 투자하고 있는 종목들의 평균 시가총액은 569억 달러에 이르며, 연간 단위로 배당 수익률은 0.40%, 수수료는 0.75%입니다.

LIT를 구성하는 포트폴리오를 국적 기준으로 보면 중국이 29%, 미국이 23%, 한국과 홍콩이 각각 12%를 차지하고 있습니다. 산업 기준으로 전기 부품 및 장비가 30%, 상품화학이 28%, 자동차 제조업체가 11%의 비중을 나타내고 있습니다. 보유 중인 40개 개별기업 기준으로 가장 큰 비중을 차지하고 있는 3개 종목은 세계 1위 리튬 제련 업체인 앨베말과 중국 대표 리튬 정제 기업인 간프엉 리튬, 세계 전기차 배터리 시장 1위의 중국 기업인 CATL입니다. 그리고 상위 10개 종목이 차지하는 비중은 58.95%이며 5%를 초과하는 종목은 6개입니다.

LIT의 최근 1년간 주가 추이를 보면 최고가는 74.31달러, 최저가는 24.83달러이고, 수익률은 +138.8%입니다.

LIT의 수익률 추이

구분	최근 1개월	최근 3개월	2021년	최근 1년	최근 3년	최근 5년	최근 10년
LIT	4.5 %	-12.9%	126.4%	138.8%	81.4%	165.6%	42.1%
추종지수	5.9%	-10.6%	125.6%	143.1%	92.5%	200.6%	71.7%

LIT의 포트폴리오를 구성하는 톱 10

	국가 비중			기업 비중		
1	중국	28.83%	1	앨베말	ALB	11.99%
2	미국	22.87%	2	간프엉 리튬	(중국)	6.54%
3	한국	12.28%	3	CATL	(중국)	5.79%
4	홍콩	11.92%	4	EVE 에너지	(중국)	5.55%
5	일본	7.15%	5	삼성 SDI	(한국)	5.19%
6	호주	6.35%	6	테슬라	TSLA	5.03%
7	칠레	5.05%	7	LG화학	(한국)	4.98%
8	독일	2.22%	8	파나소닉	(일본)	4.71%
9	대만	1.92%	9	SQM	SQM	4.71%
10	네덜란드	0.89%	10	우시 선도 스마트 장비	(중국)	4.47%

LIT의 최근 3년간 주가 추이

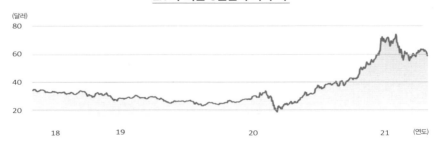

DBA US
Invesco DB Agriculture Fund

DBA는 세계 4위 ETF 운용사인 인베스코가 운용하는 ETF로, 10개의 농산물 선물에 투자하여 농산물 가격의 변동을 추종하는 상품입니다. 콩, 밀, 옥수수 등 농산물과 가축에 투자하고 있으며 매년 1회 리밸런싱합니다. 참고로 현재는 코로나 19발 충격으로부터 벗어나며 인플레이션에 대한 기대감이 되살아나는 상황입니다. 그러나 글로벌 물류는 아직 예전 수준으로 회복되지 못한 까닭에, 여러 측면에서 농산물 가격의 상방 압력이 존재하게 됩니다.

2007년 1월에 상장한 DBA의 운용자산 규모는 10억 달러 수준에, 1일 평균 거래금액은 2,100만 달러로 적은 편입니다. 자산의 50%를 농산물 관련 상품에 투자하고 있고 나머지는 국채에 투자하고 있으며, 연간 수수료는 0.94%입니다.

DBA의 최근 1년간 주가 추이를 보면 최고가는 19.33달러, 최저가는 13.16달러이고, 수익률은 +39.59%입니다.

DBA의 수익률 추이

구분	최근 1개월	최근 3개월	2021년	최근 1년	최근 3년	최근 5년	최근 10년
DBA	9.9%	13.3%	-2.5%	36.8%	-0.4%	-10.4%	-42.6%
추종지수	10.4%	13.9%	-2.4%	38.4%	1.1%	-8.8%	-38.8%

DBA의 포트폴리오 현황

	섹터 비중			자산 비중	
1	중국	28.83%	1	뮤츄얼 펀드	50.49%
2	미국	22.87%	2	미 국채(이율 0.0%, 만기 2021년 8월 5일)	11.38%
3	한국	12.28%	3	미 국채(이율 0.0%, 만기 2021년 10월 7일)	9.10%
4	홍콩	11.92%	4	인베스코 재무부 담보 ETF CLTL	8.46%
5	일본	7.15%	5	미 국채(이율 0.0%, 만기 2022년 1월 27일)	7.58%
6	호주	6.35%	6	미 국채(이율 0.0%, 만기 2021년 6월 10일)	5.69%
7	칠레	5.05%	7	미 국채(이율 0.0%, 만기 2021년 9월 9일)	3.41%
8	독일	2.22%	8	미 국채(이율 0.0%, 만기 2021년 8월 12일)	3.32%
9	대만	1.92%	9	미 국채(이율 0.0%, 만기 2021년 11월 4일)	0.57%
10	네덜란드	0.89%	10	-	-

DBA의 최근 3년간 주가 추이

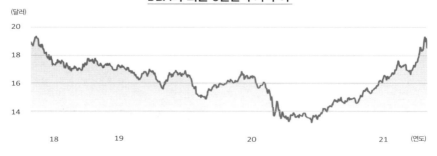

플러스 알파 수익을 추구!
스마트베타 ETF

지수 이상의 보다 높은 수익률을 기대할 수 있는 전략형 ETF

근 몇 년 사이 ETF와 관련하여 가장 많이 언급된 것 중 하나가 바로 '스마트베타'라는 단어입니다. '베타'는 주가 지수의 움직임을 가리키는 말로, 스마트베타는 베타를 넘어서는 수익을 내기 위한 전략이라 이해하면 되겠습니다.

스마트베타 ETF는 패시브 펀드에 액티브 펀드의 성격을 혼합한 상품으로, 시장 수익률을 추구하면서 여기에 운용 전략을 더하여 초과 수익률을 추구합니다. 이에 전통적인 시가총액 방식의 지수가 아닌 기업의 내재가치, 모멘텀, 변동성, 배당 등 다양한 규칙을 활용해 새로이 설계된 지수를 추종합니다. 세계적인 펀드 평가 회사인 모닝스타Morningstar에 따르면 현재 미국 ETF 시장의 약 23%가 이러한 스마트베타 전략을 사용하고 있다고 합니다.

여기서 소개할 스마트베타 ETF 중 배당주 투자는 안정적인 기업의 배당 수익에 초점을 두고 투자하는 형태입니다. 그리고 변동성 투자에는 포트폴리오의 변동성을 최대한 줄이는 방식으로 투자하는 형태와 변동성의 증가에 투자하는 형태가 있습니다. 또한 매매 및 투자 정보는 회사 명의 매입 정보를 활용하는 형태, 투자정보 전문업체의 지수 데이터를 활용하는 형태 등이 있습니다.

배당주에 투자하는 ETF

DVY US
iShares Select Dividend ETF

DVY는 세계 1위 ETF 운용사인 블랙락이 운용하는 ETF로, 다우 존스Dow Jones가 발표하는 미국 배당 지수U.S. Select Dividend Index를 추종합니다. 미국 미국 주식 중에서 배당률이 높은 상위 100개 종목에 투자하고 있으며 140여 개 배당 관련 ETF 중 6번째로 큽니다. 2000년대 후반부터 기관 투자가들에게 많은 관심을 받기 시작했으며 투자자들의 선호가 몰리면서 배당주들의 성과가 다른 주식들보다 높아지는 결과가 나타나기도 했습니다. 배당주들은 유틸리티 및 금융 등과 같이 상대적으로 안정적인 사업을 영위하는 섹터에서 많이 발견됩니다. 이러한 기업들은 낮은 변동성을 나타내기 때문에 위험조정 수익률을 중시하는 투자자들에게도 매력적입니다.

2003년 11월에 상장한 DVY의 운용자산 규모는 191억 달러 수준에, 1일 평균 거래금액은 9,300만 달러를 넘습니다. 분기 단위로 배당을 지급하는 DVY가 투자하고 있는 종목들의 평균 시가총액은 557억 달러에 이르며, 연간 단위로 배당 수익률은 2.89%, 수수료는 0.39%입니다.

DVY를 구성하는 포트폴리오를 보면 국적 기준으로 미국이 100%를 차지하고 있으며, 섹터 기준으로는 유틸리티가 26.33%로 가장 크고, 다음으로 금융과 필수소비재 그리고 에너지 순입니다. 보유 중인 102개 개별기업 기준으로 가장 큰 비중을 차지하고 있는 3개 종목은 미국의 에너지 미드스트림 서비스 제공업체인 원오크, 세계적인 담배 기업인 알트리아 그룹 그리고 미국 최대 통신 회사인 AT&T입니다. 그리고 상위 10개 종목이 차지하는 비중은 18.53%이며 3%를 초과하는 종목은 없습니다.

DVY의 수익률 추이

구분	최근 1개월	최근 3개월	2021년	최근 1년	최근 3년	최근 5년	최근 10년
DVY	5.85%	21.74%	28.46%	65.83%	12.49%	12.34%	12.50%
추종지수	6.35%	20.35%	29.22%	61.81%	12.86%	12.67%	12.81%

DVY의 포트폴리오를 구성하는 톱 10

	섹터 비중			기업 비중		
1	유틸리티	26.33%	1	원오크	OKE	2.27%
2	금융	22.42%	2	알트리아 그룹	MO	2.26%
3	필수소비재	9.15%	3	AT&T	T	2.25%
4	에너지	8.75%	4	PPL	PPL	1.86%
5	소재	7.18%	5	엑슨모빌	XOM	1.78%
6	자유소비재	6.55%	6	필립모리스 인터내셔널	PM	1.78%
7	IT	5.60%	7	IBM	IBM	1.78%
8	산업재	5.11%	8	푸르덴셜 파이낸셜	PRU	1.69%
9	헬스케어	3.95%	9	화이저	PFE	1.46%
10	커뮤니케이션	3.62%	10	퍼스트 에너지	FE	1.42%

DVY의 최근 1년간 주가 추이를 보면 최고가는 123.06달러, 최저가는 74.68달러이고, 수익률은 +65.83%입니다.

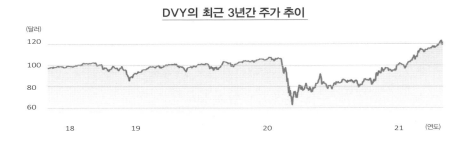

DGRW의 최근 3년간 주가 추이

DGRW US
WisdomTree US Quality Dividend Growth Fund

DGRW는 세계적인 ETF 운용사인 위즈덤 트리가 운용하는 ETF로, 동사가 발표하는 미국 중대형주 기준 배당성장 지수U.S. Quality Dividend Growth Index를 추종합니다. 140여 개의 배당 관련 ETF 중 10번째로 큽니다. 매월 배당을 지급하며, 미래 배당 성장 가능성에 초점을 두고 있습니다. 그래서인지 여타 배당 관련 ETF와 달리 IT 비중이 상대적으로 높습니다.

1998년 1월에 상장한 DGRW의 운용자산 규모는 59억 달러 수준에, 1일 평균 거래금액은 1,900만 달러에 이릅니다. 월 단위로 배당을 지급하는 DGRW가 투자하고 있는 종목들의 평균 시가총액은 3억 달러가 넘고, 연간 단위로 배당 수익률은 1.96%, 수수료는 0.28%입니다.

DGRW를 구성하는 포트폴리오를 보면 국적 기준으로 미국이 100%를 차지하고 있으며, 섹터 기준으로는 IT가 25.53%로 가장 크고, 다음으로 헬스케어와 산업재, 필수소비재 순입니다. 보유 중인 299개 개별기업 기준으로 가장 큰 비중을 차지하고 있는 3개 종목은 세계 최대 소프트웨어 회사인 마이크로소프트, 글로벌 최대 헬스케어 기업인 존슨 앤 존슨, 미국을 대표하는 프리미엄 IT 업체인 애플입니다. 그리고 상위 10개 종목이 차지하는 비중은 35.46%이며 5%를 초과하는 종목은 없습니다.

DGRW의 최근 1년간 주가 추이를 보면 최고가는 60.08달러, 최저가는 41.78달러이고, 수익률은 +38.9%입니다.

DGRW의 수익률 추이

구분	최근 1개월	최근 3개월	2021년	최근 1년	최근 3년	최근 5년	최근 10년
DGRW	2.5%	9.3%	11.3%	38.9%	45.9%	91.2%	-
추종지수	2.6%	9.9%	14.1%	42.3%	57.8%	116.4%	-

DGRW의 포트폴리오를 구성하는 톱 10

	섹터 비중			기업 비중		
1	IT	25.53%	1	마이크로소프트	MSFT	4.92%
2	헬스케어	18.86%	2	존슨 앤 존슨	JNJ	4.49%
3	산업재	16.58%	3	애플	AAPL	4.42%
4	필수소비재	16.04%	4	버라이즌 커뮤니케이션즈	VZ	4.17%
5	자유소비재	7.64%	5	프록터 앤 갬블	PG	3.20%
6	금융	5.89%	6	화이저	PFE	3.11%
7	커뮤니케이션	4.33%	7	알트리아 그룹	MO	3.06%
8	소재	3.36%	8	코카콜라	KO	2.98%
9	유틸리티	1.27%	9	씨스코 시스템즈	CSCO	2.74%
10	에너지	0.46%	10	머크 앤 컴퍼니	MRK	2.37%

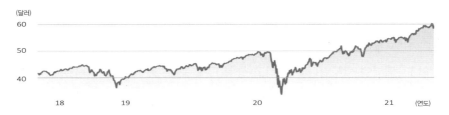

DGRW의 최근 3년간 주가 추이

변동성을 활용하는 ETF

USMV US
iShares MSCI USA Min Vol Factor ETF

USMV는 세계 1위 ETF 운용사인 블랙락이 운용하는 ETF로, MSCI가 발표하는 미국 변동성 최소화 지수USA Minimum Volatility Index를 추종합니다. 일반적인 시가총액 기준 지수 구성과 달리 개별 주식간 투자 금액 비율을 조절하여 투자 위험이 최소가 되는 포트폴리오를 구성하는 최소분산 포트폴리오 구성 방법론에 따라 투자 종목을 선정합니다. 이에 기관 투자자들이 상당히 선호하는 상품이며 현재 미국 주식 시장에 상장된 25개의 저변동성 ETF 중 운용자산 규모가 가장 큽니다. (참고로 변동성 최소화는 위험조정 수익률의 개념과 관련된 전략으로, 위험조정 수익률에 관한 내용은 262페이지를 참고하기 바랍니다.)

2011년 10월에 상장한 USMV의 운용자산 규모는 290억 달러 수준에, 1일 평균 거래금액은 2억 2천만 달러에 달합니다. 분기 단위로 배당을 지급하는 USMV가 투자하고 있는 종목들의 평균 시가총액은 1,465억 달러에 이르며, 연간 단위로 배당 수익률은 1.66%, 수수료는 0.15%입니다.

USMV를 구성하는 포트폴리오를 보면 국적 기준으로 미국이 99%를 차지하고 있으며, 섹터 기준으로는 IT가 21.45%로 가장 크고, 다음으로 헬스케어와 금융, 산업재 순입니다. 보유 중인 185개 개별기업 기준으로 가장 큰 비중을 차지하고 있는 3개 종목은 미국의 폐기물 관리 및 환경서비스 회사인 웨이스트 매니지먼트, 세계 최대 소프트웨어 회사인 마이크로소프트, 글로벌 최대 헬스케어 기업인 존슨 앤 존슨입니다. 그리고 상위 10개 종목이 차지하는 비중은 15.15%이며 2%를 초과하는 종목은 없습니다.

USMV의 수익률 추이

구분	최근 1개월	최근 3개월	2021년	최근 1년	최근 3년	최근 5년	최근 10년
USMV	3.64%	8.11%	7.86%	26.83%	14.15%	12.78%	-
추종지수	3.15%	7.91%	7.99%	25.27%	13.93%	12.71%	13.25%

USMV의 포트폴리오를 구성하는 톱 10

	섹터 비중			기업 비중		
1	IT	21.45%	1	웨이스트 매니지먼트	WM	1.61%
2	헬스케어	18.48%	2	마이크로소프트	MSFT	1.61%
3	금융	13.48%	3	존슨 앤 존슨	JNJ	1.56%
4	산업재	11.44%	4	액센츄어	ACN	1.56%
5	필수소비재	10.85%	5	맥도날드	MCD	1.50%
6	자유소비재	9.88%	6	비자	V	1.50%
7	유틸리티	7.50%	7	뉴몬트	NEM	1.49%
8	커뮤니케이션	3.64%	8	티모바일 유에스	TMUS	1.49%
9	소재	2.83%	9	리퍼블릭 서비시스	RSG	1.41%
10	에너지	0.25%	10	일라이 릴리 앤 컴퍼니	LLY	1.41%

USMV의 최근 1년간 주가 추이를 보면 최고가는 77.03달러, 최저가는 57.36달러이고, 수익률은 +26.83%입니다.

USMV의 최근 3년간 주가 추이

(달러)

70

60

50

18　　　　19　　　　20　　　　21　　(연도)

VXX US

iPath Series B S&P 500 VIX Short Term Futures ETN

VXX는 바클레이즈 캐피탈이 운용하는 ETN으로, S&P 글로벌이 발표하는 변동성 단기 선물 지수VIX Short-Term Futures Index를 추종합니다. 흔히 '공포지수'라고 불리우는 VIX 지수 선물에 투자하는 ETN이죠. VIX 지수는 시장의 하락기 또는 시장 하락에 대한 우려와 공포가 만연했을 때 변동성이 증가하면서 지수가 상승하는 모습을 보이는데 엄밀히 말하면 VIX 지수가 상승한다는 것은 시장의 하락에 베팅하는 것이 아니라 시장의 "변동성 증가"에 베팅하는 것임을 잘 알아야 합니다.

ETF로는 VIXY USProShares VIX Short-Term Futures ETF가 있지만 운용규모와 유동성 면에서 VXX에 비해 낮은 평가를 받고 있어서 이 책에서는 VXX를 소개합니다. 여기서 주의할 점이 있습니다. ETN은 ETF보다 위험도가 높은 상품이므로 투자자들의 주의를 요하며, 부록에서 설명하는 ETF와 ETN 장단

점 비교 내용을 꼭 확인하기 바랍니다. 또한 시장 하락에 따른 헤징을 위해서는 VIX 추종 상품보다는 오히려 주식형 인버스 ETF들이 직관적입니다. VIX 선물은 대부분 '콘탱고'의 형태를 보이기 때문에 장기 보유할수록 손실이 발생할 수 있다는 점도 잊어서는 안 됩니다.

2009년 1월에 상장한 VXX의 운용자산 규모는 30억 달러 수준에, 1일 평균 거래금액은 6,200만 달러에 달하며 연간 단위 수수료는 0.85%입니다.

VXX의 최근 1년간 주가 추이를 보면 최고가는 34.09달러, 최저가는 7.50달러이고, 수익률은 -75.70%입니다.

VIXY의 수익률 추이

구분	최근 1개월	최근 3개월	2021년	최근 1년	최근 3년	최근 5년	최근 10년
VIXY	-12.79%	-44.34%	-45.41%	-75.50%	-39.93%	-48.71%	-48.22%
추종지수	-6.60%	-42.34%	-42.69%	-71.98%	-35.48%	-	-

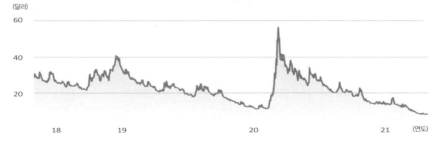

VIXY의 최근 3년간 주가 추이

매수 정보와 지수 데이터를 활용하는 ETF

PKW US
Invesco BuyBack Achievers ETF

PKW는 세계 4위 ETF 운용사인 인베스코가 운용하는 ETF로, 회사 구성원들의 매수 정보를 이용하는 내부자 정보 활용 전략과 달리 회사 차원에서 자사주를 매입하는 종목들에 투자하는 상품입니다. 미국 기업 중에서 과거 12개월간 발행 주식의 5% 이상을 회사 명의로 매입한 종목에 투자합니다. 지난 몇 년간 미국 기업들 사이에 일어나고 있는 적극적인 자사주 매입 현상을 전략적으로 활용한 것입니다.

참고로 자사주 매입이 일어나면 유통 주식이 줄어들며 주가가 상승하는 경향이 있습니다. 2013년 있었던 칼 아이칸Cahl C. Icahn과 애플의 일화를 보시죠. 칼 아이칸은 애플의 팀 쿡Tim Cook을 만나 애플의 잉여 현금으로 1,500억 달러 상당의 자사주를 매입해 주주 가치를 제고하라고 권했습니다. 이에 팀 쿡은 자사주 매입을 시행했고 그 결과 애플의 주가는 상승했습니다.

2006년 12월에 상장한 PKW의 운용자산 규모는 19억 달러 수준에, 1일 평균 거래금액은 1,500만 달러 내외입니다. 분기 단위로 배당을 지급하는 PKW가 투자하고 있는 종목들의 평균 시가총액은 457억 달러에 이르며, 연간 단위로 배당 수익률은 1.51%, 수수료는 0.62%입니다.

PKW를 구성하는 포트폴리오를 보면 국적 기준으로 미국이 100%를 차지하고 있으며, 섹터 기준으로 IT가 29.98%로 가장 크고, 다음으로 금융과 자유소비재, 헬스케어 순입니다. 보유 중인 107개 개별기업 기준으로 가장 큰 비중을 차지하고 있는 3개 종목은 미국의 대표적인 케이블 서비스 업체이자 미디어 업체인 차터 커뮤니케이션즈, 데이터베이스 관련 소프트웨어 기업인 오라클, 미국의 손해보험사인 올스테이트입니다. 그리고 상위 10개 종목이 차지하는 비중은 45.39%이며 5%를 초과하는 종목은 2개입니다.

PKW의 수익률 추이

구분	최근 1개월	최근 3개월	2021년	최근 1년	최근 3년	최근 5년	최근 10년
PKW	0.61%	10.07%	19.00%	69.54%	16.67%	15.63%	13.53%
추종지수	2.75%	12.15%	21.32%	78.51%	18.02%	16.92%	14.52%

PKW의 포트폴리오를 구성하는 톱 10

	섹터 비중			기업 비중		
1	IT	29.98%	1	차터 커뮤니케이션즈	CHTR	5.33%
2	금융	27.40%	2	오라클	ORCL	5.28%
3	자유소비재	10.82%	3	올스테이트	ALL	4.98%
4	헬스케어	9.19%	4	에이치피	HPQ	4.86%
5	필수소비재	7.81%	5	바이오젠	BIIB	4.73%
6	산업재	7.74%	6	이베이	EBAY	4.59%
7	소재	1.95%	7	인텔	INTC	4.04%
8	커뮤니케이션	1.88%	8	포티넷	FTNT	4.01%
9	에너지	1.64%	9	맥케슨	MCK	3.92%
10	-	-	10	아메리프라이즈 파이낸셜	AMP	3.65%

PKW의 최근 1년간 주가 추이를 보면 최고가는 90.64달러, 최저가는 50.66달러이고, 수익률은 +69.54%입니다.

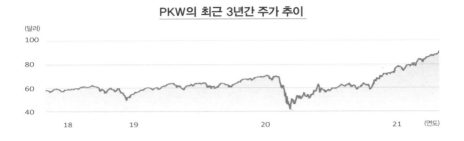

PKW의 최근 3년간 주가 추이

MOAT US

VanEck Vectors Morningstar Wide Moat ETF

MOAT는 미국의 중견 ETF 운용사인 밴이크가 운용하는 ETF로, 모닝스타가 발표하는 경제적 해자Moat, 경쟁사들이 쉽게 전략을 복제할 수 없는 확고한 경쟁력를 평가하는 지수Wide Moat Focus Index를 추종합니다. 즉, 이 상품은 기업의 비즈니스가 외부 위협으로부터 얼마나 보호받고 있는지에 중점을 둔 상품입니다. 회사의 지속가능성에 바탕을 두고 투자 대상을 선정하고, 6개월마다 포트폴리오를 변경합니다. 따라서 본 상품에 투자하지 않더라도 반기마다 변경되는 구성종목을 확인할 필요가 있습니다.

2012년 4월에 상장한 MOAT의 운용자산 규모는 50억 달러 수준에, 1일 평균 거래금액은 3,100만 달러 내외입니다. 연간 단위로 배당을 지급하는 MOAT가 투자하고 있는 종목들의 평균 시가총액은 2,063억 달러에 이르며, 연간 단위로 배당 수익률은 1.25%, 수수료는 0.47%입니다.

MOAT를 구성하는 포트폴리오를 보면 국적 기준으로 미국이 100%를 차지하고 있으며, 섹터 기준으로는 IT가 22%로 가장 크고, 다음으로 헬스케어와 산업재, 필수소비재 순입니다. 보유 중인 49개 개별기업 기준으로 가장 큰 비중을 차지하고 있는 3개 종목은 미국 4대 대형은행 중 하나인 웰스 파고, 텍사스 기반의 천연가스 기업인 셰니어 에너지, 미국의 대표적인 방위산업체인 노스롭 그루먼입니다. 그리고 상위 10개 종목이 차지하는 비중은 27%이며 5%를 초과하는 종목은 없습니다.

MOAT의 수익률 추이

구분	최근 1개월	최근 3개월	2021년	최근 1년	최근 3년	최근 5년	최근 10년
MOAT	2.1%	10.6%	13.2%	46.7%	72.4%	124.9%	-
추종지수	2.1%	10.7%	15.1%	49.4%	82.6%	146.1%	350.4%

MOAT의 포트폴리오를 구성하는 톱 10

	섹터 비중			기업 비중		
1	IT	22.00%	1	웰스 파고	WFC	3.20%
2	헬스케어	20.55%	2	셰니어 에너지	LNG	2.90%
3	산업재	16.83%	3	노스롭 그루먼	NOC	2.76%
4	필수소비재	13.82%	4	필립모리스 인터내셔널	PM	2.71%
5	금융	12.40%	5	제너럴 다이내믹스	GD	2.66%
6	자유소비재	7.16%	6	알파벳(클래스A)	GOOGL	2.66%
7	에너지	2.59%	7	버크셔 해서웨이(클래스B)	BRK-B	2.63%
8	유틸리티	2.34%	8	알트리아 그룹	MO	2.58%
9	소재	2.32%	9	. 염!브랜즈	YUM	2.55%
10	-	-	10	레이시온 테크놀로지스	RTX	2.54%

MOAT의 최근 1년간 주가 추이를 보면 최고가는 73.02달러, 최저가는 47.14달러이고, 수익률은 +46.7%입니다.

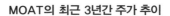

MOAT의 최근 3년간 주가 추이

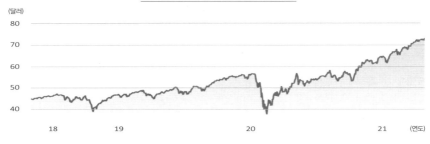

트렌드와 방향을 따라잡기!
테마·섹터형 ETF(1)
축의 전환을 투자의 기회로 삼아라

포스트 코로나 시대의 변화를 기회로 삼는 한편
시대적 화두가 된 그린 및 ESG, 자산 순환 투자에 대응하는 상품들

코로나 19 팬데믹은 대륙과 인종, 국가를 막론하고 전 세계인의 삶에 같은 변화를 가져왔습니다. 사람들은 어디서든 마스크를 쓰게 되었고, 삼삼오오 모이던 거리의 풍경은 온데간데없고 멀찍이 거리를 두고 서는 모습이 일상이 되었습니다. 개인들뿐 아니라, 세계 각국에서 비슷한 변화가 동시다발적으로 일어났는데요, 국가마다 모든 수단을 동원하여 코로나 19 팬데믹을 극복하기 위한 경기 부양에 나선 것입니다. 부양책 효과로 투자 시장에서도 유례없는 상황이 벌어졌죠. 세계적인 신종 감염병이 창궐하는 가운데, 아이러니하게도 글로벌 증시는 호황을 맞은 것입니다.

> 경민 코로나 사태 초기에는 주식 시장이 곤두박질치나 싶더니, 전 세계적으로 증시가 상승하더라고요. 연일 사상 최고가를 기록하다 보니 고

등학생 조카들조차도 만나면 주식 얘기를 할 정도로 관심이 높아졌는데, 언제까지 호황일지 걱정되기도 해요. 안 그래도 백신이 보급되기 시작하자 인플레이션과 테이퍼링에 대한 우려가 연일 나오면서 증시가 출렁이는 것도 심상찮아 보이고요.

시장은 살아 움직이는 생물과 같다는 말을 많이 합니다. 어제와 오늘 상승했다고 내일도 오르리란 보장은 없습니다. 말씀대로 코로나 19 팬데믹 이후 경제 상황에 대한 여러 우려가 대두되고 있는 것이 사실입니다. 그렇다면 당장 투자를 그만두고 주식 시장에서 탈출해야 할까요?

우리가 기억해야 하는 건 전환의 시대에는 반드시 기회가 존재했다는 사실입니다. 지금부터는 포스트 코로나 시대에 대응하는 투자 전략으로 수정해야 할 때입니다.

포스트 코로나뿐 아니라, 바이든 행정부의 정책 모토 중 하나인 그린 정책, 이제는 국내 기업들도 앞다퉈 도입하고 있는 ESG 등 수년 이내 기업의 실적과 투자 시장에 영향을 미칠 변화의 키워드들 또한 뚜렷하게 나타나고 있습니다. 와튼 스쿨 마우로 기엔 교수의 책 제목처럼, 코로나 19 팬데믹으로 인한 변화에서 그치지 않고 '축의 전환'이 일어날 미래, 앞으로의 트렌드와 변화의 방향을 연구하면 한 발 앞서 투자 기회를 잡을 수 있을 것입니다. 이번 장에서는 포스트 코로나 시대를 준비하고, 그린과 ESG 트렌드에 맞춰 미국 내 친환경·친사회·친주주적인 기업에 투자하며, 자산 순환 투자에 대응하는 데 좋은 ETF 상품들을 소개하겠습니다.

경기 회복세와 부양 정책에 대응하는 ETF

IBUY US
Amplify Online Retail ETF

IBUY는 ETF 운용사인 앰플리파이가 운용하는 ETF로, 지수 제공 회사인 이큐엠 인덱시스EQM Indexes가 발표하는 온라인 소매유통 지수EQM Online Retail Index를 추종합니다. 미국 온라인 유통업체에 집중 투자하는 ETF인데 온라인에서 전체 매출의 70% 이상을 달성하거나 연간 1천억 달러 이상의 매출을 기록하고, 시가총액 3억 달러 이상이면서 최근 6개월 일평균 거래금액이 2백만 달러 이상인 종목을 포트폴리오에 편입합니다. 미국 내수에 초점을 맞추고 있어 이후 경기 회복과 소비 개선의 영향을 가장 많이 받을 것으로 전망됩니다.

2016년 4월에 상장한 IBUY의 운용자산 규모는 12억 달러 수준에, 1일 평균 거래금액은 2,400만 달러에 달합니다. 연간 단위로 배당을 지급하는 IBUY가 투자하고 있는 종목들의 평균 시가총액은 608억 달러에 이르며, 연간 단위로 배당 수익률은 0.57%, 수수료는 0.65%로 높습니다.

IBUY를 구성하는 포트폴리오를 보면 국적 기준으로 미국이 전체의 85%를 차지하고 있으며 소매유통 관련 산업 기준으로 인터넷 서비스가 38.18%로 가장 크고, 다음으로 백화점과 레저 및 오락 순입니다. 보유 중인 58개 개별 기업 기준으로 가장 큰 비중을 차지하고 있는 3개 종목은 2천2백만 명의 고객을 확보하고 있는 온라인 쇼핑몰 업체인 리볼브 그룹, 소매유통 업체인 큐레이트 리테일, 소셜 커머스 플랫폼 회사인 그루폰입니다. 상위 10개 종목이 차지하는 비중은 35.87%이며 5%를 초과하는 종목은 없습니다.

IBUY의 최근 1년간 주가 추이를 보면 최고가는 139.04달러, 최저가는 59.90달러이고, 수익률은 +83.86%입니다.

IBUY의 수익률 추이

구분	최근 1개월	최근 3개월	2021년	최근 1년	최근 3년	최근 5년	최근 10년
IBUY	-13.27%	-20.76%	-3.57%	83.86%	33.84%	35.69%	-
추종지수	-16.16%	-22.01%	-5.09%	82.33%	33.48%	35.84%	-

IBUY의 포트폴리오를 구성하는 톱 10

	산업 비중			기업 비중		
1	인터넷 서비스	38.18%	1	리볼브 그룹	RVLV	4.76%
2	백화점	19.92%	2	큐레이트 리테일	QRTEA	4.39%
3	레저 및 오락	12.64%	3	그루폰	GRPN	4.34%
4	기타 특수 소매	5.79%	4	트립어드바이저	TRIP	4.24%
5	할인점	4.75%	5	IAC/인터랙티브코프	IAC	3.41%
6	자동차와 부품 및 서비스 소매	4.00%	6	익스피디아 그룹	EXPE	3.34%
7	의류 및 액세서리 소매	3.29%	7	리프트	LYFT	3.27%
8	소프트웨어	2.73%	8	1-800-플라워즈닷컴	FLWS	2.98%
9	전문 정보 서비스	2.05%	9	부킹 홀딩스	BKNG	2.58%
10	의약품 소매업체	1.99%	10	랜즈 엔드	LE	2.56%

IBUY의 최근 3년간 주가 추이

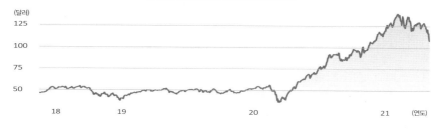

XRT US
SPDR S&P Retail ETF

XRT는 세계 3위 ETF 운용사인 스테이트 스트리트가 운용하는 ETF로, 스탠다드 앤 푸어스가 발표하는 미국 소매유통 산업 지수S&P Retail Select Industry를 추종합니다. 미국 주식 시장에 상장된 미국 리테일 기업에 투자하며 10개의 리테일 투자 ETF 중 운용자산 규모가 2번째로 큽니다.

2006년 6월에 상장한 XRT의 운용자산 규모는 8억 5천만 달러 수준에, 1일 평균 거래금액은 2억 1,900만 달러에 달합니다. 분기 단위로 배당을 지급하는 XRT가 투자하고 있는 종목들의 평균 시가총액은 341억 달러에 이르며, 연간 단위로 배당 수익률은 0.72%, 수수료는 0.35%입니다.

XRT를 구성하는 포트폴리오를 보면 국적 기준으로 미국이 100%를 차지하고 있으며, 소매유통 관련 산업 기준으로 의류 및 액세서리가 18.68%로 가장 크고, 다음으로 자동차와 부품 및 서비스 소매업체 그리고 할인점 순입니다. 보유 중인 102개 개별기업 기준으로 가장 큰 비중을 차지하고 있는 3개 종목은 온라인 파티 물품 소매 체인인 파티씨티, 스포츠 용품과 사냥 및 낚시 그리고 캠핑 용품 등을 취급하는 아카데미 스포츠 앤 아웃도어스, 미국 최대의 자동차 부품 및 액세서리 소매점인 오토존입니다. 그리고 상위 10개 종목이 차지하는 비중은 12.93%이며 2%를 초과하는 종목이 없습니다.

XRT의 최근 1년간 주가 추이를 보면 최고가는 95.19달러, 최저가는 36.04 달러이고, 수익률은 +140.76%입니다.

XRT의 수익률 추이

구분	최근 1개월	최근 3개월	2021년	최근 1년	최근 3년	최근 5년	최근 10년
XRT	-4.88%	10.37%	37.29%	140.76%	26.47%	17.94%	13.95%
추종지수	-2.54%	12.39%	39.72%	151.90%	27.10%	18.63%	14.31%

XRT의 포트폴리오를 구성하는 톱 10

	산업 비중			기업 비중		
1	의류 및 액세서리 소매	18.68%	1	파티씨티	PRTY	1.51%
2	자동차와 부품 및 서비스 소매	15.04%	2	아카데미 스포츠 앤 아웃도어스	ASO	1.45%
3	할인점	12.98%	3	오토존	AZO	1.28%
4	기타 특수 소매업체	12.82%	4	아메리칸 이글 아웃피터스	AEO	1.25%
5	백화점	11.35%	5	오레일리 오토모티브	ORLY	1.24%
6	인터넷 서비스	8.16%	6	디자이너 브랜즈(클래스A)	DBI	1.24%
7	식품 판매 및 배달	6.45%	7	타겟	TGT	1.24%
8	의약품 소매	3.02%	8	어드밴스 오토 파츠	AAP	1.24%
9	컴퓨터 및 전자 기기 소매	1.89%	9	코스트코 홀세일	COST	1.23%
10	석유 및 천연가스 정제	1.59%	10	히벳 스포츠	HIBB	1.23%

XRT의 최근 3년간 주가 추이

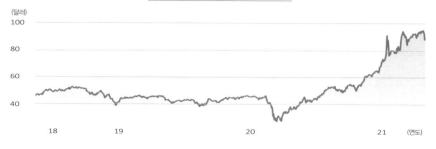

(달러)

PAVE US

Global X U.S. Infrastructure Development ETF

PAVE는 ETF 운용사인 글로벌 X가 운용하는 ETF로, 인덱스Indxx가 발표하는 인프라 개발 지수The INDXX U.S. Infrastructure Development Index를 추종합니다. 철도, 건설, 중장비, 전자부품, 무역, 철강 등 20개 분야의 기업을 보유하고 있어 바이든 정부의 경기 부양책과 함께 미국 내 전통 인프라의 개선 활동으로 큰 수혜를 볼 것으로 예상됩니다.

2017년 3월에 상장한 PAVE의 운용자산 규모는 34억 달러 수준에, 1일 평균 거래금액은 6천만 달러에 달합니다. 연 1회 배당을 지급하는 PAVE가 투자하고 있는 종목들의 평균 시가총액은 282억 달러에 이르며, 연간 단위로 배당수익률은 0.35%, 수수료는 0.47%입니다.

PAVE를 구성하는 포트폴리오를 보면 국적 기준으로 미국이 100%를 차지하고 있으며, 섹터 기준으로 산업재가 67.78%, 소재가 24.52%를 차지하고 있습니다. 보유 중인 100개 개별기업 기준으로 가장 큰 비중을 차지하고 있는 3개 종목은 미국 최대의 제철 회사인 누코, 미국의 철도 회사인 캔자스 시티 서던, '존디어'라는 상표로 널리 알려진 중장비 및 농기계 회사인 디어 앤 컴퍼니입니다. 그리고 상위 10개 종목이 차지하는 비중은 30.07%이며 3%를 초과하는 종목은 4개입니다.

PAVE의 최근 1년간 주가 추이를 보면 최고가는 27.18달러, 최저가는 12.71달러이고, 수익률은 +97.7%입니다.

PAVE의 수익률 추이

구분	최근 1개월	최근 3개월	2021년	최근 1년	최근 3년	최근 5년	최근 10년
PAVE	6.9%	21.6%	19.1%	97.7%	65.5%	-	-
추종지수	5.30%	17.51%	25.38%	114.71%	18.62%	-	-

PAVE의 포트폴리오를 구성하는 톱 10

	섹터 비중				기업 비중		
1	산업재	67.78%	1	누코	NUE	3.29%
2	소재	24.52%	2	캔자스 시티 서던	KSU	3.24%
3	IT	3.98%	3	디어 앤 컴퍼니	DE	3.14%
4	필수소비재	2.39%	4	벌캔 머티리얼즈	VMC	3.04%
5	유틸리티	1.21%	5	트래인 테크놀로지스	TT	2.96%
6	에너지	0.11%	6	노포크 서던	NSC	2.95%
7	-	-	7	이튼	ETN	2.94%
8	-	-	8	에머슨 일렉트릭	EMR	2.85%
9	-	-	9	셈프라 에너지	SRE	2.84%
10	-	-	10	파커-하니핀	PH	2.81%

PAVE의 최근 3년간 주가 추이

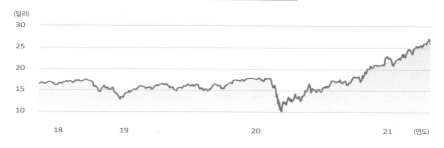

(달러)

XLI US
Industrial Select Sector SPDR Fund

XLI는 세계 3위 ETF 운용사인 스테이트 스트리트가 운용하는 ETF로, 스탠다드 앤 푸어스가 발표하는 미국 산업재 섹터 지수S&P Industrial Select Sector Index를 추종합니다. 미국 주식 시장에 상장된 31개의 산업재 ETF 중 가장 큽니다.

1998년 12월에 상장한 XLI의 운용자산 규모는 209억 달러 수준에, 1일 평균 거래금액은 12억 달러에 달합니다. 분기 단위로 배당을 지급하는 XLI가 투자하고 있는 종목들의 평균 시가총액은 758억 달러에 이르며, 연간 단위로 배당 수익률은 1.21%, 수수료는 0.12%입니다.

XLI를 구성하는 포트폴리오를 보면 국적 기준으로 미국이 100%를 차지하고 있으며, 산업재 섹터 내 산업 기준으로 기계, 장비 및 부품이 29.22%로 가장 크고, 다음으로 화물운송 서비스, 우주항공 및 방위 그리고 복합 대기업 순입니다. 보유 중인 73개 개별기업 기준으로 가장 큰 비중을 차지하고 있는 3개 종목은 세계 최고의 복합 기업인 하니웰 인터내셔널, 항공물류 전문 업체인 유나이티드 파슬 서비스, 북미 최초로 대륙횡단 철도를 완성한 유니온 퍼시픽입니다. 그리고 상위 10개 종목이 차지하는 비중은 41.12%이며 5%를 초과하는 종목은 1개입니다.

XLI의 최근 1년간 주가 추이를 보면 최고가는 105.45달러, 최저가는 59.05달러이고, 수익률은 +73.78%입니다.

XLI의 수익률 추이

구분	최근 1개월	최근 3개월	2021년	최근 1년	최근 3년	최근 5년	최근 10년
XLI	6.09%	18.75%	19.34%	73.78%	15.37%	15.90%	13.01%
추종지수	4.89%	17.80%	19.40%	70.02%	14.63%	15.82%	13.07%

XLI의 포트폴리오를 구성하는 톱 10

	산업 비중			기업 비중		
1	기계, 장비 및 부품	29.22%	1	하니웰 인터내셔널	HON	5.02%
2	화물운송 서비스	19.23%	2	유나이티드 파슬 서비시스	UPS	4.86%
3	우주항공 및 방위	18.31%	3	유니온 퍼시픽	UNP	4.78%
4	복합 대기업	14.78%	4	캐터필러	CAT	4.14%
5	전문 및 상업 서비스	6.74%	5	레이시온 테크놀로지스	RTX	4.04%
6	승객운송 서비스	3.66%	6	보잉	BA	4.00%
7	소프트웨어 및 IT 서비스	2.85%	7	디어 앤 컴퍼니	DE	3.84%
8	자동차 및 부품	1.27%	8	쓰리엠	MMM	3.75%
9	건설 및 엔지니어링	0.98%	9	제너럴 일렉트릭	GE	3.66%
10	주택건설 및 건축자재	0.97%	10	록히드 마틴	LMT	3.03%

XLI의 최근 3년간 주가 추이

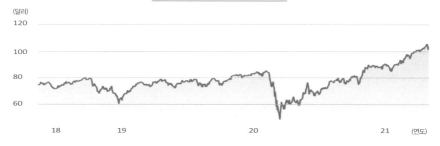

그린과 ESG에 대응하는 ETF

ESGU US
iShares ESG Aware MSCI USA ETF

ESGU는 세계 3위 ETF 운용사인 스테이트 스트리트가 운용하는 ETF로, MSCI가 발표하는 미국 확장 ESG 지수MSCI USA Extended ESG Focus Index를 추종합니다.

2016년 12월에 상장한 ESGU의 운용자산 규모는 173억 달러, 1일 평균 거래금액은 9,700만 달러 수준입니다. 분기 배당을 지급하는 ESGU가 투자하고 있는 종목들의 평균 시가총액은 4,482억 달러에 이르며, 배당 수익률은 1.14%, 연간 수수료율은 0.15%입니다.

ESGU를 구성하는 포트폴리오를 보면 국적 기준으로 미국이 100%를 차지하고 있으며, 섹터 기준으로 IT가 34.65%로 가장 크고, 다음으로 자유소비재, 금융, 헬스케어 순입니다. 보유 중인 344개 개별기업 기준으로 가장 큰 비중을 차지하고 있는 3개 종목은 미국을 대표하는 프리미엄 IT 업체인 애플, 세계 최대 소프트웨어 회사인 마이크로소프트, 글로벌 1위 전자상거래 기업인 아마존닷컴입니다. 그리고 상위 10개 종목이 차지하는 비중은 25.14%이며 3%를 초과하는 종목은 3개입니다.

ESGU의 최근 1년간 주가 추이를 보면 최고가는 95.44달러, 최저가는 64.23달러이고, 수익률은 +51.16%입니다.

ESGU의 수익률 추이

구분	최근 1개월	최근 3개월	2021년	최근 1년	최근 3년	최근 5년	최근 10년
ESGU	3.45%	7.86%	12.49%	51.16%	19.87%	-	-
추종지수	1.04%	6.04%	11.24%	47.20%	-	-	-

ESGU의 포트폴리오를 구성하는 톱 10

	섹터 비중			기업 비중		
1	IT	34.65%	1	애플	AAPL	5.79%
2	자유소비재	14.63%	2	마이크로소프트	MSFT	5.03%
3	금융	13.55%	3	아마존닷컴	AMZN	3.73%
4	헬스케어	12.54%	4	알파벳(클래스A)	GOOGL	2.30%
5	산업재	9.79%	5	페이스북	FB	1.91%
6	필수소비재	6.03%	6	알파벳(클래스C)	GOOG	1.43%
7	에너지	2.88%	7	테슬라	TSLA	1.35%
8	유틸리티	2.33%	8	제이피모간 체이스	JPM	1.33%
9	소재	2.32%	9	홈 디포	HD	1.17%
10	커뮤니케이션	1.29%	10	존슨 앤 존슨	JNJ	1.17%

ESGU의 최근 3년간 주가 추이

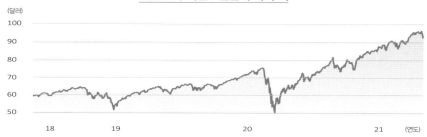

PBW US

Invesco WilderHill Clean Energy ETF

PBW는 세계 4위 ETF 운용사인 인베스코가 운용하는 ETF로, 청정에너지 지수 업체인 윌더쉐어즈Wildershares가 제공하는 윌더힐 청정에너지 지수 WilderHill Clean Energy Index를 추종합니다.

2005년 3월에 상장한 PBW의 운용자산 규모는 19억 달러 수준에, 1일 평균 거래금액은 5,900만 달러입니다. 분기 배당을 지급하고 있는 PBW가 투자하고 있는 종목들의 평균 시가총액은 165억 달러에 이르며, 연간 단위로 배당 수익률은 0.62%, 수수료는 0.70%로 높습니다.

PBW를 구성하는 포트폴리오를 보면 국적 기준으로 미국이 84%, 중국이 9%, 캐나다가 5%를 차지하고 있으며 산업 기준으로 재생 에너지 장비 및 서비스가 29.74%로 가장 크고, 다음으로 자동차 및 트럭 제조, 건설 및 엔지니어링, 일반 화학 순입니다. 보유 중인 56개 개별기업 기준으로 가장 큰 비중을 차지하고 있는 3개 종목은 세계 최대 리튬 업체인 앨베말, 전력 및 통신 인프라 건설 업체인 콴타 서비시스, 세계 2위의 리튬 업체인 칠레의 SQM입니다. 그리고 상위 10개 종목이 차지하는 비중은 21.69%이며 3%를 초과하는 종목은 없습니다.

PBW의 최근 1년간 주가 추이를 보면 최고가는 136.00달러, 최저가는 30.45달러이고, 수익률은 +156.51%입니다.

PBW의 수익률 추이

구분	최근 1개월	최근 3개월	2021년	최근 1년	최근 3년	최근 5년	최근 10년
PBW	-14.35%	-37.63%	-21.65%	156.51%	48.97%	35.24%	7.26%
추종지수	-19.19%	-42.70%	-26.12%	130.67%	43.20%	33.10%	5.22%

PBW의 포트폴리오를 구성하는 톱 10

	산업 비중			기업 비중		
1	재생 에너지 장비 및 서비스	29.74%	1	앨베말	ALB	2.27%
2	자동차 및 트럭 제조	13.28%	2	콴타 서비시스	PWR	2.25%
3	건설 및 엔지니어링	6.35%	3	SQM	SQM	2.23%
4	일반 화학	6.24%	4	MYR 그룹	MYRG	2.23%
5	전기 유틸리티	5.07%	5	다초 뉴 에너지	DQ	2.23%
6	재생가능 연료	4.85%	6	TPI 컴포지트	TPIC	2.14%
7	반도체	4.78%	7	아메레스코(클래스A)	AMRC	2.12%
8	전기 부품 및 장비	3.21%	8	리벤트	LTHM	2.10%
9	산업 기계 및 장비	3.00%	9	퍼스트 솔라	FSLR	2.06%
10	농업용 화학	1.68%	10	에어 프로덕츠 앤 케미컬스	APD	2.05%

PBW의 최근 3년간 주가 추이

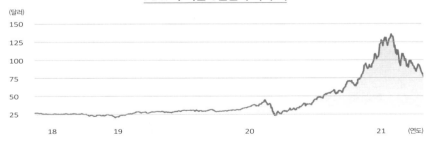

ICLN US
iShares Global Clean Energy ETF

ICLN은 세계 3위 ETF 운용사인 스테이트 스트리트가 운용하는 ETF로, S&P 글로벌이 제공하는 청정에너지 지수S&P Global Clean Energy Index를 추종합니다.

2008년 6월에 상장한 ICLN의 운용자산 규모는 55억 달러 수준에, 1일 평균 거래금액은 1억 7천만 달러에 달합니다. 반기 배당을 지급하고 있는 ICLN이 투자하고 있는 종목들의 평균 시가총액은 140억 달러이며, 연간 단위로 배당 수익률은 0.44%, 수수료는 0.46%로 다소 높습니다.

ICLN을 구성하는 포트폴리오를 보면 국적 기준으로 미국이 37%를 차지하고 있으며 덴마크, 뉴질랜드가 각각 9%, 8%의 비중을 보입니다. 섹터 내 산업 기준으로는 재생 에너지 장비 및 서비스가 48.71%로 가장 크고, 다음으로 전기 유틸리티와 독립 전력 회사 순입니다. 보유 중인 30개 개별기업 기준으로 가장 큰 비중을 차지하고 있는 3개 종목은 덴마크의 풍력 제조 회사인 베스타스 윈드 시스템즈, 덴마크에 본사를 둔 다국적 해상 풍력 및 에너지 기업인 오스테드, 미국의 전기 및 천연가스 공급 업체인 엑셀 에너지입니다. 그리고 상위 10개 종목이 차지하는 비중은 48.09%이며 5%를 초과하는 종목은 2개입니다.

ICLN의 최근 1년간 주가 추이를 보면 최고가는 33.41달러, 최저가는 10.78달러이고, 수익률은 +105.69%입니다.

ICLN의 수익률 추이

구분	최근 1개월	최근 3개월	2021년	최근 1년	최근 3년	최근 5년	최근 10년
ICLN	-4.75%	-29.31%	-21.95%	105.69%	32.76%	22.84%	5.14%
추종지수	-8.05%	-30.43%	-23.33%	95.63%	31.54%	22.28%	3.82%

ICLN의 포트폴리오를 구성하는 톱 10

	산업 비중			기업 비중		
1	재생 에너지 장비 및 서비스	48.71%	1	베스타스 윈드 시스템즈	(덴마크)	8.30%
2	전기 유틸리티	29.64%	2	오스테드	(덴마크)	6.27%
3	독립 전력 회사	14.71%	3	엑셀 에너지	XEL	4.88%
4	복합 유틸리티	3.88%	4	이베르드롤라	(스페인)	4.82%
5	재생가능 연료	1.62%	5	엔페이즈 에너지	ENPH	4.78%
6	전기 부품 및 장비	1.44%	6	에넬	(이탈리아)	4.54%
7	-	-	7	넥스트에라 에너지	NEE	4.44%
8	-	-	8	플러그 파워	PLUG	3.45%
9	-	-	9	솔라엣지 테크놀로지스	SEDG	3.36%
10	-	-	10	SSE	(영국)	3.25%

ICLN의 최근 3년간 주가 추이

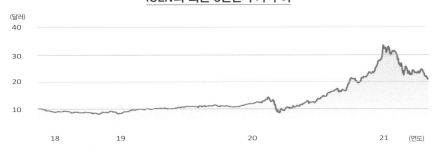

TAN US

Invesco Solar ETF

TAN은 세계 4위 ETF 운용사인 인베스코 사의 ETF로, 태양광 지수 업체인 맥 솔라 인덱스MAC Solar Index가 발표하는 글로벌 태양광 에너지 지수MAC Global Solar Energy를 추종합니다.

2008년 4월에 상장한 TAN의 운용자산 규모는 28억 달러로 미국 주식 시장에 상장된 11개의 신재생 에너지 ETF 중 2번째로 크고, 1일 평균 거래금액은 1억 7천만 달러 수준입니다. 연간 배당을 지급하는 TAN 의 배당 수익률은 0.12%, 연간 수수료율은 0.69%로 매우 높습니다.

현재 TAN은 글로벌 주요 주식 시장에 상장되어 있는 147개의 종목을 보유하고 있습니다. 이들 종목의 국가 비중은 미국이 53%, 홍콩이 15%, 중국이 6% 정도이고, 이들 종목의 섹터 내 산업 비중은 재생 에너지 장비 및 서비스가 전체의 64.47%를 차지한 가운데 독립 전력 생산 업체, 전기 유틸리티 등입니다.

개별기업 기준으로는 가정용 에너지 인버터 시스템 기업인 엔페이즈 에너지가 9.33%, 글로벌 1위 태양광 인버터 솔루션 회사인 솔라엣지 테크놀로지스가 9%, 미국 1위 주택용 태양광 발전 시스템 업체인 선런이 6.62%를 차지하고 있습니다. 그리고 상위 10개 기업의 비중은 전체의 55.97%입니다.

TAN의 최근 1년간 주가 추이를 보면 최고가는 121.94달러, 최저가는 30.89달러이며 수익률은 +143.67%입니다.

TAN의 수익률 추이

구분	최근 1개월	최근 3개월	2021년	최근 1년	최근 3년	최근 5년	최근 10년
TAN	-13.10%	-35.60%	-26.87%	143.67%	45.48%	29.69%	2.20%
추종지수	-14.45%	-38.00%	-27.26%	132.61%	42.20%	29.09%	-0.57%

TAN의 포트폴리오를 구성하는 톱 10

	산업 비중			기업 비중		
1	재생 에너지 장비 및 서비스	64.47%	1	엔페이즈 에너지	ENPH	9.33%
2	독립 전력 회사	13.50%	2	솔라엣지 테크놀로지스	SEDG	9.01%
3	전기 유틸리티	6.44%	3	선런	RUN	6.62%
4	반도체	2.76%	4	퍼스트 솔라	FSLR	6.38%
5	상업용 리츠	2.35%	5	신이 솔라 홀딩스	(중국)	5.32%
6	반도체 장비	1.12%	6	GCL-폴리 에너지 홀딩스	(홍콩)	4.77%
7	전기 부품 및 장비	0.95%	7	다초 뉴 에너지	DQ	4.25%
8	전화기 & 소형 기기	0.77%	8	아이쉐어즈 MSCI 한국 ETF	EWY	3.94%
9	건설 및 엔지니어링	0.59%	9	스카텍	(노르웨이)	3.51%
10	건축 자재	0.54%	10	애틀란티카 서스테이너블 인프라스트럭처	(영국)	2.83%

TAN의 최근 3년간 주가 추이

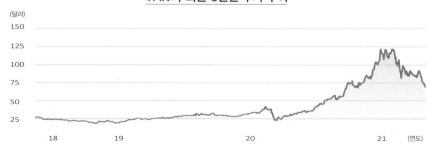

자산 순환 투자에 대응하는 ETF

IWN US
iShares Russell 2000 Value ETF

IWN은 세계 3위 ETF 운용사인 스테이트 스트리트가 운용하는 ETF로, 미국의 FTSE 러셀이 제공하는 러셀 2000 가치주 지수Russell 2000 Value Index를 추종합니다.

2000년 7월에 상장한 IWN의 운용자산 규모는 170억 달러 수준에, 1일 평균 거래금액은 3억 1천만 달러에 달합니다. 분기 단위로 배당을 지급하는 IWN이 투자하고 있는 종목들의 평균 시가총액은 31억 달러이며, 연간 단위로 배당 수익률은 1.23%, 수수료는 0.24%입니다.

IWN을 구성하는 포트폴리오를 보면 국적 기준으로 미국이 100% 가까이 차지하고 있으며, 섹터 기준으로 금융이 34.57%로 가장 크고, 다음으로 자유 소비재와 산업재 순입니다. 보유 중인 1,496개 개별기업 기준으로 가장 큰 비중을 차지하고 있는 3개 종목은 천연 식품원료 개발 기업인 달링 인그리디언츠, 비디오게임 소매유통 업체인 게임스탑, 철강 회사인 클리블랜드-클리프스입니다. 그리고 상위 10개 종목이 차지하는 비중은 5.37%이며 1%를 초과하는 종목이 없습니다.

IWN의 최근 1년간 주가 추이를 보면 최고가는 169.53달러, 최저가는 82.72달러이고, 수익률은 +94.14%입니다.

IWN의 수익률 추이

구분	최근 1개월	최근 3개월	2021년	최근 1년	최근 3년	최근 5년	최근 10년
IWN	4.57%	13.24%	27.05%	94.14%	11.73%	14.19%	10.68%
추종지수	2.14%	8.82%	25.05%	83.10%	10.81%	13.76%	10.34%

IWN의 포트폴리오를 구성하는 톱 10

	섹터 비중			기업 비중		
1	금융	34.57%	1	달링 인그리디언츠	DAR	0.76%
2	자유소비재	17.05%	2	게임스탑	GME	0.61%
3	산업재	14.52%	3	클리블랜드-클리프스	CLF	0.61%
4	IT	6.79%	4	노바백스	NVAX	0.52%
5	소재	6.27%	5	씨저스 엔터테인먼트	CZR	0.51%
6	헬스케어	6.04%	6	알코아	AA	0.50%
7	에너지	5.35%	7	스티펠 파이낸셜	SF	0.48%
8	유틸리티	3.66%	8	퍼포먼스 푸드 그룹	PFGC	0.47%
9	필수소비재	3.60%	9	오빈티브	OVV	0.45%
10	커뮤니케이션	0.56%	10	유에스 스틸	X	0.45%

IWN의 최근 3년간 주가 추이

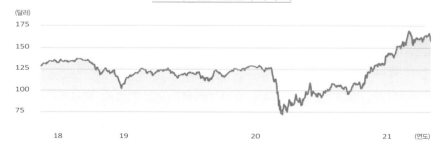

IWO US
iShares Russell 2000 Growth ETF

IWO는 세계 1위 ETF 운용사인 블랙락이 운용하는 ETF로, 러셀 2000 성장주 지수Russell 2000 Growth Index를 추종합니다.

2000년 7월에 상장한 IWO의 운용자산 규모는 117억 달러 수준에, 1일 평균 거래금액은 1억 7천만 달러에 달합니다. 분기 단위로 배당을 지급하고 있는 IWO가 투자하고 있는 종목들의 평균 시가총액은 43억 달러이며, 연간 단위로 배당 수익률은 0.39%, 수수료는 0.24%입니다.

IWO를 구성하는 포트폴리오를 보면 국적 기준으로 미국이 100% 가까이 차지하고 있으며, 섹터 기준으로는 헬스케어가 30.68%로 가장 크고, 다음으로 IT와 자유소비재 순입니다. 보유 중인 1,141개 개별기업 기준으로 가장 큰 비중을 차지하고 있는 3개 종목은 카지노 업체인 씨저스 엔터테인먼트, 고급 홈퍼니싱 기업인 알에이치, 겨울부츠의 대명사 '어그' 등의 브랜드를 보유한 신발 및 의류 회사인 데커스 아웃도어입니다. 그리고 상위 10개 종목이 차지하는 비중은 6.42%이며 5%를 초과하는 종목은 없습니다.

IWO의 최근 1년간 주가 추이를 보면 최고가는 336.63달러, 최저가는 179.66달러이고, 수익률은 +63.96%입니다.

IWO의 수익률 추이

구분	최근 1개월	최근 3개월	2020년	최근 1년	최근 3년	최근 5년	최근 10년
IWO	-0.50%	-8.59%	4.16%	63.96%	15.76%	18.75%	13.09%
추종지수	-4.99%	-13.43%	0.68%	53.42%	13.90%	17.56%	12.32%

IWO의 포트폴리오를 구성하는 톱 10

	섹터 비중			기업 비중		
1	헬스케어	30.68%	1	씨저스 엔터테인먼트	CZR	0.76%
2	IT	21.24%	2	알에이치	RH	0.61%
3	자유소비재	14.36%	3	데커스 아웃도어	DECK	0.61%
4	산업재	12.26%	4	플러그 파워	PLUG	0.52%
5	금융	7.39%	5	사이트원 랜드스케이프 서플라이	SITE	0.51%
6	필수소비재	3.74%	6	루이지애나 퍼시픽	LPX	0.50%
7	소재	2.87%	7	처칠 다운스	CHDN	0.48%
8	에너지	2.75%	8	선런	RUN	0.47%
9	커뮤니케이션	1.47%	9	톱빌드	BLD	0.45%
10	유틸리티	1.38%	10	울트라제닉스 파마수티컬스	RARE	0.45%

IWO의 최근 3년간 주가 추이

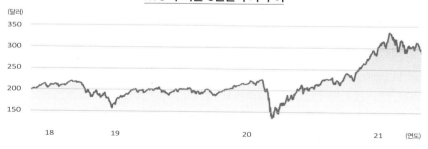

(달러)

18 19 20 21 (연도)

VTV US
Vanguard Value ETF

VTV는 세계 2위 ETF 운용사인 뱅가드 그룹이 운용하는 ETF로, 시카고대학교 부스Booth 경영대학원의 부설 연구소인 CRSPCenter for Research in Security Prices에서 제공하는 미국 대형 가치주 지수CRSP US Large Value를 추종합니다.

2004년 1월에 상장한 VTV의 운용자산 규모는 807억 달러 수준에, 1일 평균 거래금액은 4억 2천만 달러에 달합니다. 분기 단위로 배당을 지급하는 VTV가 투자하고 있는 종목들의 평균 시가총액은 1,576억 달러에 이르며, 연간 단위로 배당 수익률은 2.12%, 수수료는 0.04%로 매우 낮습니다.

VTV를 구성하는 포트폴리오를 보면 국적 기준으로 미국이 100%를 차지하고 있으며, 섹터 기준으로 금융이 25.02%로 가장 크고, 다음으로 헬스케어와 산업재, 필수소비재 순입니다. 보유 중인 326개 개별기업 기준으로 가장 큰 비중을 차지하고 있는 3개 종목은 워런 버핏이 이끄는 세계 최대 복합 기업인 버크셔 해서웨이, 미국 최고 은행인 제이피모간 체이스, 세계 최대 헬스케어 회사인 존슨 앤 존슨입니다. 그리고 상위 10개 종목이 차지하는 비중은 20.98%이며 2%를 초과하는 종목은 없습니다.

VTV의 최근 1년간 주가 추이를 보면 최고가는 140.61달러, 최저가는 92.91달러이고, 수익률은 +45.68%입니다.

VTV의 수익률 추이

구분	최근 1개월	최근 3개월	2021년	최근 1년	최근 3년	최근 5년	최근 10년
VTV	2.65%	12.23%	17.43%	45.68%	12.80%	13.91%	12.12%
추종지수	2.36%	11.22%	16.72%	47.26%	12.57%	13.85%	12.08%

VTV의 포트폴리오를 구성하는 톱 10

	섹터 비중			기업 비중		
1	금융	25.02%	1	버크셔 해서웨이(클래스B)	BRK-B	2.96%
2	헬스케어	18.20%	2	제이피모간 체이스	JPM	2.93%
3	산업재	12.74%	3	존슨 앤 존슨	JNJ	2.73%
4	필수소비재	11.06%	4	유나이티드헬스 그룹	UNH	2.23%
5	자유소비재	7.92%	5	프록터 앤 갬블	PG	2.10%
6	IT	7.46%	6	뱅크 오브 아메리카	BAC	1.90%
7	유틸리티	5.67%	7	인텔	INTC	1.64%
8	에너지	5.34%	8	컴캐스트	CMCSA	1.56%
9	커뮤니케이션	3.25%	9	엑슨 모빌	XOM	1.49%
10	소재	3.07%	10	버라이즌 커뮤니케이션즈	VZ	1.44%

VTV의 최근 3년간 주가 추이

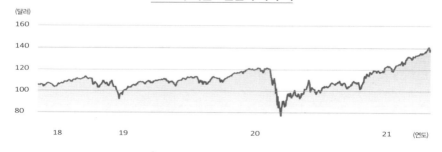

VUG US
Vanguard Growth ETF

VUG는 세계 2위 ETF 운용사인 뱅가드 그룹이 운용하는 ETF로, 시카고대학교 부스Booth 경영대학원의 부설 연구소인 CRSPCenter for Research in Security Prices에서 제공하는 미국 대형 성장주 지수CRSP US Large Growth Index를 추종합니다.

2004년 1월에 상장한 VUG의 운용자산 규모는 737억 달러 수준에, 1일 평균 거래금액은 2억 1천만 달러에 달합니다. 분기 단위로 배당을 지급하는 VUG가 투자하고 있는 종목들의 평균 시가총액은 6,935억 달러에 이르며, 연간 단위로 배당 수익률은 0.63%, 수수료는 0.04%로 매우 낮습니다.

VUG를 구성하는 포트폴리오를 보면 국적 기준으로 미국이 100% 가까이 차지하고 있으며, 섹터 기준으로 IT가 55.88%로 가장 크고, 다음으로 자유소비재와 헬스케어 그리고 산업재 순입니다. 보유 중인 280개 개별기업 기준으로 가장 큰 비중을 차지하고 있는 3개 종목은 미국을 대표하는 프리미엄 IT 업체인 애플, 세계 최대 소프트웨어 회사인 마이크로소프트, 글로벌 1위 전자상거래 기업인 아마존닷컴입니다. 그리고 상위 10개 종목이 차지하는 비중은 44%이며 5%를 초과하는 종목은 3개입니다.

VUG의 최근 1년간 주가 추이를 보면 최고가는 277.45달러, 최저가는 181.57달러이고, 수익률은 +49.39%입니다.

VUG의 수익률 추이

구분	최근 1개월	최근 3개월	2020년	최근 1년	최근 3년	최근 5년	최근 10년
VUG	1.48%	2.45%	7.16%	49.39%	24.22%	22.09%	16.75%
추종지수	-2.56%	-0.17%	4.84%	44.39%	22.62%	21.22%	16.39%

VUG의 포트폴리오를 구성하는 톱 10

	섹터 비중				기업 비중		
1	IT	55.88%		1	애플	AAPL	9.72%
2	자유소비재	21.32%		2	마이크로소프트	MSFT	9.37%
3	헬스케어	8.13%		3	아마존닷컴	AMZN	6.98%
4	산업재	6.84%		4	페이스북	FB	3.73%
5	금융	4.04%		5	알파벳(클래스A)	GOOGL	3.27%
6	소재	1.53%		6	알파벳(클래스C)	GOOG	3.03%
7	필수소비재	1.45%		7	테슬라	TSLA	2.07%
8	에너지	0.47%		8	비자	V	1.83%
9	커뮤니케이션	0.04%		9	홈 디포	HD	1.73%
10	-	-		10	마스터카드	MA	1.66%

VUG의 최근 3년간 주가 추이

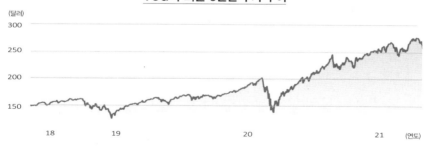

트렌드와 방향을 따라잡기!
테마·섹터형 ETF(2)
4차 산업혁명, 공모주, 액티브 완전 정복

ETF 투자 좀 한다는 투자자들 사이에 이것 모르면 간첩!
가장 핫한 테마별 최적화된 ETF를 소개한다

몇 해 전, 라스베이거스에서 열리는 CES에 참석하기 위해 출장을 준비하다 격세지감을 느꼈습니다. 이전까지 해외에 갈 때면 여행용 외국어 회화책을 반드시 챙겼었는데, 그때는 같이 가는 인원 모두가 핸드폰에 통번역 어플을 설치해왔던 것입니다. 간단한 의사소통 정도는 통번역 어플로 가능한 시대가 되었음을 실감했습니다.

이 같은 통번역 어플은 우리 일상에 깊숙이 들어온 인공지능 기술의 한 예입니다. 미국의 경우 전체 가구의 20% 정도는 인공지능 비서가 장착된 스피커를 사용한다는 통계도 있죠SMART SPEAKER CONSUMER ADOPTION REPORT, 2018. 사물인터넷과 인공지능을 이용한 스마트홈 시스템 또한 더 이상 낯선 기술이 아닙니다. 십여 년 전만 해도 공상과학 영화의 소재였던 인공지능, 사물인터넷, 증강현실, 가상현실 등이 우리 삶을 실질적으로 변화시키고 있습니다. 바야흐로 4차 산업혁명 시대, 기술이 빠른 속도로 발전하고 문명과 삶의 양상이 격변하는 지금이 투자자들에게는 또 다른 기회가 될 수 있습니다.

문제는 우리가 제대로 된 투자처를 알지 못한다는 것입니다. 제4차 산업혁명의 가장 주요한 기술이 무엇이며, 앞으로 어떤 양상으로 진행될지 그리고 그러한 기술력을 가진 기업이 어디인지 알지 못합니다. 코끼리 다리 만지듯 막연하다 보니, 이슈가 있을 때마다 엉뚱한 테마주에 몰려갔다 손해를 보기도 하죠. 이런 기술 테마들은 공부해도 이해하기 어려운 내용이 태반입니다. 발전 속도는 상상을 초월하고, 변화의 폭은 광범위합니다. 전문가가 아닌 이상 제대로 이해하고 투자하기란 거의 불가능에 가깝습니다.

경민 그렇다고 해서 투자 자체를 포기할 필요는 없겠죠? 관련해서 특화된 ETF 상품이 있을 테니까요!

맞습니다. 제4차 산업혁명이라는 테마에 최적화된 포트폴리오를 구성하고 있는 ETF 상품들이 존재합니다. 트렌드나 변화의 방향성에 대한 감각은 있으나 산업과 기업을 구체적으로 이해하기 어려운 경우, 개별 종목보다는 검증된 ETF 상품을 활용하는 편이 현명할 수 있습니다. 이번 장에서는 이와 관련하여 2가지 상품을 소개하겠습니다.

한편, 근래에 개미 투자자들을 열광케 했던 또 다른 테마라면 공모주와 액티브 ETF가 있습니다. 우선 공모주의 경우, 미국 주식 시장에 새로 상장하는 기업에 투자하려면 해당 기업이 실제 상장된 이후에 주식 시장에서 매수하거나 해당 종목을 매수한 ETF나 펀드를 매수해야 합니다. 이에 미국 주식 시장에 상장되어 있는 IPO 및 스팩SPAC 기업에 투자할 수 있는 ETF 중 2가지를 소개하겠습니다.

마지막으로, 최근 시장을 주도하고 있는 액티브 ETF에 관해서도 알아보겠습니다. 캐서린 우드가 이끄는 아크 인베스트ARK Invest는 2024년이 되면 테슬라의 가치가 7,000달러에 도달하리라 평가하면서 유명세를 탔는데요. 이 회사가 운용하는 5개의 액티브 ETF 중 대표격인 3개 상품을 알아보겠습니다. 그리고 2019년 5월 국내 최초로 나스닥에 인공지능 기술 기반의 ETF를 직상장한 핀테크 회사 크래프트Qraft가 운용하는 2개 상품에 관해서도 설명하겠습니다.

제4차 산업혁명과 함께 하는 ETF

FIVG US
Defiance Next Gen Connectivity ETF

FIVG는 디파이낸스 ETFs가 운용하는 ETF로 블루스타 인덱시스 사가 발표하는 5세대 이동통신 지수Bluestar 5G Communications Index를 추종합니다.

2019년 3월에 상장한 FIVG의 운용자산 규모는 12억 달러 수준에, 1일 평균 거래금액은 700만 달러로 작습니다. 분기 단위로 배당을 지급하는 FIVG가 투자하고 있는 종목들의 평균 시가총액은 957억 달러에 이르며, 연간 단위로 배당 수익률은 0.93%, 수수료는 0.30%입니다.

FIVG를 구성하는 포트폴리오를 보면 국적 기준으로 미국이 87%, 스웨덴이 5%를 차지하고 있으며 산업 기준으로는 반도체가 35%로 가장 크고, 다음으로 커뮤니케이션 및 네트워킹, IT 서비스 및 컨설팅, 무선통신 서비스, 전문 리츠 순입니다. 보유 중인 77개 개별기업 기준으로 가장 큰 비중을 차지하고 있는 3개 종목은 글로벌 1위 차량용 반도체 업체인 NXP 반도체, 스웨덴의 통신 장비 제조사인 에릭슨, 아날로그 반도체 기업인 아날로그 디바이시스입니다. 그리고 상위 10개 종목이 차지하는 비중은 38.53%이며 5%를 초과하는 종목은 3개입니다.

FIVG의 수익률 추이

구분	최근 1개월	최근 3개월	2021년	최근 1년	최근 3년	최근 5년	최근 10년
FIVG	-2.3%	-2.5%	28.2%	40.1%	-	-	-
추종지수	-2.3%	-2.3%	30.2%	42.2%	58.9%	-	-

FIVG의 포트폴리오를 구성하는 톱 10

	국가 비중			기업 비중		
1	미국	86.95%	1	NXP 반도체	NXPI	5.52%
2	스웨덴	5.01%	2	에릭슨	ERIC	5.15%
3	핀란드	2.91%	3	아날로그 디바이시스	ADI	5.00%
4	영국	1.48%	4	퀄컴	QCOM	3.99%
5	대한민국	1.17%	5	노키아	NOK	3.57%
6	캐나다	1.15%	6	키사이트 테크놀로지스	KEYS	3.17%
7	프랑스	0.81%	7	AT&T	T	3.11%
8	홍콩	0.51%	8	자일링스	XLNX	3.10%
9	-	-	9	아카마이 테크놀로지스	AKAM	2.97%
10	-	-	10	스카이웍스 솔루션즈	SWKS	2.95%

FIVG의 최근 1년간 주가 추이를 보면 최고가는 37.11달러, 최저가는 24.07 달러이고, 수익률은 +40.1%입니다.

FIVG의 최근 2년간 주가 추이

(달러)

40

35

30

25

20

19   20   21   (연도)

SRVR US
Pacer Benchmark Data & Infrastructure Real Estate SCTR ETF

SRVR는 페이서 파이낸셜Pacer Financial이 운용하는 ETF로, 데이터 센터 및 인프라 부동산 지수Benchmark Data & Infrastructure Real Estate SCTR Index를 추종합니다.

2018년 5월에 상장한 SRVR의 운용자산 규모는 11억 달러 수준에, 1일 평균 거래금액은 500만 달러로 작은 편입니다. 연간 단위로 배당을 지급하는 SRVR이 투자하고 있는 종목들의 평균 시가총액은 457억 달러이며, 연간 단위 배당 수익률은 1.42%, 수수료는 0.60%로 높습니다.

SRVR를 구성하는 포트폴리오를 보면 국적 기준으로 미국이 82%, 스페인이 4%를 차지하고 그다음 중국, 홍콩, 이탈리아, 호주 순입니다. 섹터 기준으로는 전문 리츠가 51.61%로 가장 크고, 다음으로 상업용 리츠가 28.74%입니다.

보유 중인 24개 개별기업 기준으로 가장 큰 비중을 차지하고 있는 3개 종목은 미국 1~2위 통신 인프라 리츠인 크라운 캐슬 인터네셔널과 아메리칸 타워, 미국 1위 데이터센터 전문 리츠인 에퀴닉스입니다. 그리고 상위 10개 종목이 차지하는 비중은 78.82%이며 5%를 초과하는 종목은 4개입니다.

SRVR의 최근 1년간 주가 추이를 보면 최고가는 38.52달러, 최저가는 32.15달러이고, 수익률은 +11.9%입니다.

SRVR의 수익률 추이

구분	최근 1개월	최근 3개월	2021년	최근 1년	최근 3년	최근 5년	최근 10년
SRVR	3.5%	0.9%	10.0%	11.9%	-	-	-
추종지수	3.8%	1.3%	12.1%	14.3%	63.5%	109.2%	331.3%

SRVR의 포트폴리오를 구성하는 톱 10

	산업 비중			기업 비중	
1	전문 리츠	51.61%	1	크라운 캐슬 인터내셔널	CCI	16.37%
2	상업용 리츠	28.74%	2	아메리칸 타워	AMT	16.01%
3	IT 서비스 및 컨설팅	7.44%	3	에퀴닉스	EQIX	15.50%
4	무선 통신 서비스	4.09%	4	아이언 마운틴	IRM	5.05%
5	종합 통신 서비스	3.82%	5	라마르 애드버타이징 컴퍼니	LAMR	4.86%
6	컴퓨터 하드웨어	1.22%	6	SBA 커뮤니케이션	SBAC	4.80%
7	건설 및 엔지니어링	0.87%	7	디지털 리얼티 트러스트	DLR	4.63%
8	광고 및 마케팅	0.54%	8	싸이러스원	CONE	4.42%
9	-	-	9	셀넥스 텔레컴	(스페인)	4.26%
10	-	-	10	GDS 홀딩스	GDS	2.92%

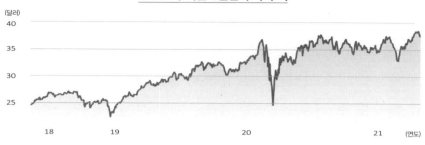

SRVR의 최근 3년간 주가 추이

공모주 투자, IPO & 스팩에 대응하는 ETF

IPO US

Renaissance IPO ETF

IPO는 러시아에 본사를 둔 르네상스 캐피탈이 운용하는 ETF로, 르네상스 캐피탈이 발표하는 신규상장 종목 지수Renaissance IPO Index를 추종합니다. 미국 주식 시장에서 상장 90일 이내의 종목에 투자하고 상장 2년 후 매도하는 방식을 취하고 있습니다.

2013년 10월에 상장한 IPO의 운용자산 규모는 7억 3천만 달러로 미국 주식 시장에 상장된 8개의 IPO 관련 ETF 중 3번째로 크고, 1일 평균 거래금액은 2,600만 달러로 적은 편입니다. 분기 단위로 배당을 지급하는 IPO가 투자하고 있는 종목들의 평균 시가총액은 334억 달러에 이르며, 연간 단위로 배당수익률은 +0.10%이고 수수료율은 0.60%로 높습니다.

IPO를 구성하는 포트폴리오를 살펴보면, 국적 기준으로 미국이 전체의 92%를 점유하고 있고 섹터 기준으로는 IT가 전체의 57.07%, 헬스케어가 13.54%를 차지하고 있습니다. 개별기업 기준으로 총 50개 종목을 보유하고 있는데 이 중 상위 3개 종목은 화상회의 소프트웨어 업체인 줌 비디오 커뮤니케이션즈, 승차공유 플랫폼 세계1위 회사인 우버 테크놀로지스, 암호화폐 거래소 기업인 코인베이스 글로벌입니다. 상위 10개 기업의 비중은 전체의 53.98%이고, 5%를 초과하고 있는 종목은 4개입니다.

 IPO의 최근 1년간 주가 추이를 보면 최고가는 76.13달러, 최저가는 33.83달러이며 수익률은 +66.5%입니다.

IPO의 수익률 추이

구분	최근 1개월	최근 3개월	2021년	최근 1년	최근 3년	최근 5년	최근 10년
IPO	-14.0%	-26.0%	107.3%	66.5%	91.5%	182.0%	-
추종지수	-13.9%	-26.0%	109.6%	68.2%	93.5%	186.1%	271.8%

IPO의 포트폴리오를 구성하는 톱 10

	섹터 비중			기업 비중		
1	IT	57.07%	1	줌 비디오 커뮤니케이션즈	ZM	9.21%
2	헬스케어	13.54%	2	우버 테크놀로지스	UBER	8.00%
3	자유소비재	9.71%	3	코인베이스 글로벌	COIN	7.06%
4	금융	4.85%	4	크라우드스트라이크 홀딩스	CRWD	6.30%
5	필수소비재	2.32%	5	핀터레스트	PINS	4.93%
6	산업재	1.54%	6	펠로톤 인터랙티브	PTON	4.88%
7	소재	0.30%	7	슬랙 테크놀로지스	WORK	4.35%
8	-	-	8	로블록스	RBLX	3.24%
9	-	-	9	아반토	AVTR	3.20%
10	-	-	10	로얄티 파마	RPRX	2.80%

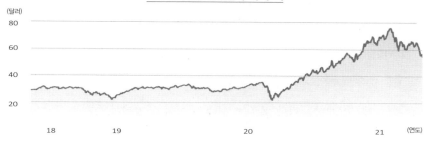

IPO의 최근 3년간 주가 추이

SPAK US
Defiance Next Gen SPAC Derived ETF

2020년 9월 출시된 SPAK는 스팩SPACs 및 스팩을 통한 상장 기업에 투자할 수 있는 ETF입니다. 디파이낸스 ETFs가 운용하는 SPAK는 INDXX가 발표하는 스팩 및 신규상장 종목 지수SPAC & NEXTGEN IPO Index 지수를 추종하는 ETF로, 운용자산의 약 80%는 스팩SPAC을 통해 상장된 기업에 투자하고 나머지 20%는 신규 상장된 스팩에 투자하는 것을 원칙으로 합니다. 투자 대상을 선정하는 조건은 뉴욕증권거래소와 나스닥에 상장된 종목 중 시가총액이 2억 5천만 달러, 3개월 일평균 거래량이 100만 달러 이상입니다. 참고로 스팩SPAC을 통한 상장 3개월 미만의 기업은 상장 이후 일평균 거래량으로 산정합니다. 이상과 같이 SPAK는 미국 스팩 시장에 투자할 수 있다는 장점이 있지만, 구성종목의 20%는 아직 인수합병 기업이 정해지지 않은 스팩에 노출되어 있어 변동성이 확대될 수 있습니다.

SPAK의 운용자산 규모는 5,700만 달러로 미국 주식 시장에 상장된 8개의 IPO 관련 ETF 중 6번째이고, 1일 평균 거래금액은 260만 달러로 매우 작습니다. SPAK는 배당을 지급하지 않으며 연간 수수료율은 0.45%로 상당한 편입니다.

SPAK를 구성하는 포트폴리오를 살펴보면, 개별기업 기준으로 총 240개의 종목을 보유하고 있는데 상위 3개 종목은 온라인 스포츠 베팅 업체인 드래프트킹즈, '제2의 페이팔'이라 불리는 핀테크 회사 페이세이프, 정보 분석 서비스 업체인 클래리베이트입니다. 상위 10개 기업의 비중은 전체의 30.65%이고, 3%를 초과하고 있는 종목은 4개입니다.

SPAK의 수익률 추이

구분	최근 1개월	최근 3개월	2021년	상장 후	최근 3년	최근 5년	최근 10년
SPAK	-12.1%	-31.0%	-	-10.21%	-	-	-
추종지수	-12.0%	-30.8%	-	-9.58%	-	-	-

SPAK의 포트폴리오를 구성하는 톱 10

	섹터 비중			기업 비중		
1	산업재	11.78%	1	드래프트킹즈	DKNG	6.71%
2	자유소비재	11.25%	2	페이세이프	PSFE	4.17%
3	금융	4.63%	3	클래리베이트	CLVT	4.10%
4	헬스케어	1.93%	4	퍼싱 스퀘어 톤틴 홀딩스	PSTH	3.07%
5	IT	1.51%	5	버르티브 홀딩스	VRT	2.88%
6	필수소비재	1.10%	6	처칠 캐피탈	CCIV	2.52%
7	소재	0.72%	7	오픈도어 테크놀로지스	OPEN	2.05%
8	커뮤니케이션	0.12%	8	퀀텀스케이프	QS	1.81%
9	에너지	0.10%	9	오픈 렌딩	LPRO	1.74%
10	-	-	10	스킬즈	SKLZ	1.62%

SPAK의 상장 후 주가 추이를 보면 최고가는 34.87달러, 최저가는 22.42달러이며 상장 후 수익률은 −10.21%입니다.

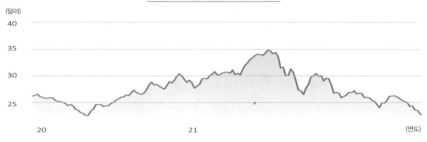

SPAK의 상장 후 주가 추이

최근 시장을 주도하는 액티브 ETF

ARKG US
ARK Genomic Revolution ETF

ARKG는 특정 지수를 추종하는 인덱스 상품이 아니라 헬스케어 섹터 내 바이오 테크놀로지 산업 중에서 유전체 관련 기업에 집중 투자하는 액티브 ETF입니다. 대형 제약사와 의료장비 업체 등과 비교할 때 유전체 관련 기업들의 재무 안정성은 상대적으로 떨어지지만, 유전체 분석과 치료 산업이 큰 폭으로 성장하고 있는 상황에서 상당히 매력적인 상품입니다.

2014년 10월에 상장한 ARKG의 운용자산 규모는 84억 달러 수준에, 1일 평균 거래금액은 3억 200만 달러에 달합니다. 연간 단위로 배당을 지급하는 ARKG가 투자하고 있는 종목들의 평균 시가총액은 374억 달러에 이르며, 연간 단위 배당 수익률은 1.04%, 수수료는 0.75%로 매우 높습니다.

ARKG를 구성하는 포트폴리오를 보면 국적 기준으로 미국이 전체의 88%, 스위스가 7%를 차지하고 있습니다. 섹터 기준으로는 헬스케어가 92%를 차지하고 있습니다. 보유 중인 55개 개별기업 기준으로 가장 큰 비중을 차지하고 있는 3개 종목은 미국 1위 원격 의료 서비스 기업인 텔라닥 헬스, 생명공학 기업으로 코로나 19 항체 치료제를 개발 중인 리제네론 파마슈티컬즈, 암 조기 진단 기술력을 확보한 것으로 알려진 이그젝트 사이언시스입니다. 그리고 상위 10개 종목이 차지하는 비중은 44%이며 5%를 초과하는 종목은 1개입니다.

ARKG의 최근 1년간 주가 추이를 보면 최고가는 112.47달러, 최저가는

43.55달러이고, 수익률은 +94.12%입니다.

ARKG의 수익률 추이

구분	최근 1개월	최근 3개월	2021년	최근 1년	최근 3년	최근 5년	최근 10년
ARKG	-7.83%	-25.74%	-13.29%	94.12%	47.98%	39.07%	-

ARKG의 포트폴리오를 구성하는 톱 10

	섹터 비중			기업 비중		
1	헬스케어	92.00%	1	텔라닥 헬스	TDOC	7.17%
2	IT	4.47%	2	리제네론 파마슈티컬즈	REGN	4.87%
3	필수소비재	0.21%	3	이그잭트 사이언시스	EXAS	4.59%
4	-	-	4	버택스 파마슈티컬스	VRTX	4.28%
5	-	-	5	노바티스	NVS	4.16%
6	-	-	6	케어디엑스	CDNA	4.08%
7	-	-	7	퍼시픽 바이오사이언시스 오브 캘리포니아	PACB	3.95%
8	-	-	8	트위스트 바이오사이언스	TWST	3.93%
9	-	-	9	페이트 테라퓨틱스	FATE	3.54%
10	-	-	10	타케다 파마슈티컬	TAK	3.51%

ARKG의 최근 3년간 주가 추이

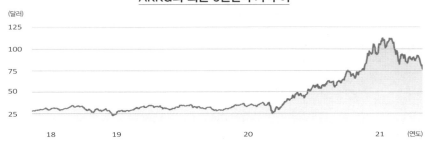

(달러)

ARKW US

ARK Next Generation Internet ETF

ARKW는 특정 지수를 추종하는 인덱스 상품이 아니라, IT 섹터 내에서 모바일과 클라우드 산업을 선도하는 기업에 집중 투자하는 액티브 ETF입니다.

2014년 9월에 상장한 ARKW의 운용자산 규모는 59억 달러 수준에, 1일 평균 거래금액은 2억 2천만 달러에 이릅니다. 연간 단위로 배당을 지급하는 ARKW가 투자하고 있는 종목들의 평균 시가총액은 1,294억 달러에 이르며, 연간 단위로 배당 수익률은 1.46%, 수수료는 0.79%로 매우 높습니다.

ARKW를 구성하는 포트폴리오를 보면 국적 기준으로 미국이 85%, 홍콩과 중국이 각각 5%를 차지하고 있으며 산업 기준으로는 인터넷 서비스가 21.80%로 가장 크고, 다음으로 소프트웨어, 자동차 및 트럭 제조, 투자 신탁 순입니다. 보유 중인 55개 개별기업 기준으로 가장 큰 비중을 차지하고 있는 3개 종목은 글로벌 대표 전기자동차 회사인 테슬라, 미국의 자산운용사인 그레일스케일이 운용하는 비트코인 신탁, 디지털 결제 플랫폼 기업인 스퀘어입니다. 그리고 상위 10개 종목이 차지하는 비중은 47.25%이며 5%를 초과하는 종목은 2개입니다.

ARKW의 최근 1년간 주가 추이를 보면 최고가는 187.44달러, 최저가는 70.05달러이고, 수익률은 +98.63%입니다.

ARKW의 수익률 추이

구분	최근 1개월	최근 3개월	2021년	최근 1년	최근 3년	최근 5년	최근 10년
ARKW	-8.89%	-21.93%	-6.22%	98.63%	44.30%	51.10%	-

ARKW의 포트폴리오를 구성하는 톱 10

	산업 비중			기업 비중		
1	인터넷 서비스	21.80%	1	테슬라	TSLA	10.71%
2	소프트웨어	19.13%	2	그레이스케일 비트코인 신탁	-	5.79%
3	자동차 및 트럭 제조	10.70%	3	스퀘어	SQ	4.53%
4	투자 신탁	5.77%	4	텔라닥 헬스	TDOC	4.48%
5	비즈니스 지원 서비스	5.68%	5	쇼피파이	SHOP	4.47%
6	헬스케어 시설 및 서비스	4.33%	6	트위터	TWTR	3.96%
7	IT 서비스	4.24%	7	스포티파이 테크놀로지	SPOT	3.88%
8	부동산 서비스	4.15%	8	코인베이스 글로벌	COIN	3.27%
9	엔터테인먼트 프로덕션	3.34%	9	로쿠	ROKU	3.19%
10	금융 및 상품시장 업체	3.27%	10	트윌리오	TWLO	2.98%

ARKW의 최근 3년간 주가 추이

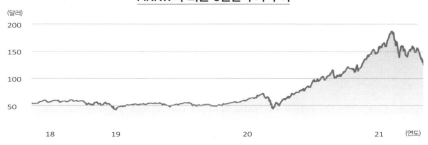

ARKK US
ARK Innovation ETF

ARKK는 특정 지수를 추종하는 인덱스 상품이 아니라 테슬라와 같이 혁신적인 기업에 집중 투자하는 액티브 ETF입니다. 액티브 ETF들이 크게 성장하기 시작한 2019년 이후로 강한 자금 유입을 기록하고 있으며, 여러 ETF 섹터 군들 중에서 가장 좋은 수익률을 기록하고 있는 ETF 가운데 하나입니다.

2014년 10월에 상장한 ARKK의 운용자산 규모는 210억 달러 수준에, 1일 평균 거래금액은 14억 달러에 달합니다. 연간 단위로 배당을 지급하는 ARKK가 투자하고 있는 종목들의 평균 시가총액은 1,117억 달러에 이르며, 연간 단위로 배당 수익률은 1.97%, 수수료는 0.75%로 매우 높습니다.

ARKK를 구성하는 포트폴리오를 보면 국적 기준으로 미국이 전체의 88%를 차지하고 있습니다. 섹터 기준으로는 IT가 43%로 가장 크고, 다음으로 헬스케어와 자유소비재 순입니다. 보유 중인 54개 개별기업 기준으로 가장 큰 비중을 차지하고 있는 3개 종목은 글로벌 대표 전기자동차 회사인 테슬라, 미국 1위 원격 의료 서비스 기업인 텔라닥 헬스, TV 스트리밍 플랫폼 업체인 로쿠입니다. 그리고 상위 10개 종목이 차지하는 비중은 47.26%이며 5%를 초과하는 종목은 3개입니다.

ARKK의 최근 1년간 주가 추이를 보면 최고가는 156.58달러, 최저가는 56.25달러이고, 수익률은 +97.04%입니다.

ARKK의 수익률 추이

구분	최근 1개월	최근 3개월	2021년	최근 1년	최근 3년	최근 5년	최근 10년
ARKK	-9.19%	-26.59%	-11.86%	97.04%	41.24%	45.51%	-

ARKK의 포트폴리오를 구성하는 톱 10

	국가 비중			기업 비중		
1	미국	88.39%	1	테슬라	TSLA	11.00%
2	홍콩	4.48%	2	텔라닥 헬스	TDOC	6.24%
3	중국	2.18%	3	로쿠	ROKU	5.24%
4	싱가포르	1.61%	4	스퀘어	SQ	4.77%
5	일본	1.50%	5	쇼피파이	SHOP	3.69%
6	스위스	1.02%	6	질로우 그룹	Z	3.53%
7	벨기에	0.79%	7	스포티파이 테크놀로지	SPOT	3.47%
8	대만	0.03%	8	줌 비디오 커뮤니케이션즈	ZM	3.45%
9	-	-	9	트윌리오	TWLO	3.06%
10	-	-	10	코인베이스 글로벌	COIN	2.80%

ARKK의 최근 3년간 주가 추이

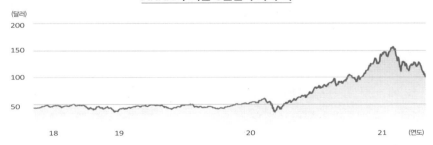

QRFT US
QRAFT AI-Enhanced U.S. Large Cap ETF

지금까지 살펴본 ARK의 ETF들은 특정 테마에 집중적으로 투자하는 전략을 취합니다. 이에 비해, 인공지능 기술 기반 핀테크 회사인 크래프트Qraft의 ETF들은 미국 대형주 유니버스 안에서 인공지능, 딥러닝 기술 기반으로 포트폴리오를 구축해 나간다는 점에서 차이가 있습니다. 퀀트 헤지펀드의 매니저들이 수행하는 종목 선정 작업을 인공지능 학습으로 대체한다는 점이 흥미롭습니다.

인공지능은 우리 삶의 많은 부분에서 도움을 주고 있습니다. 가장 대표적인 예가 테슬라로 대표되는 자율주행Autopilot으로, 실시간 도로상황을 학습해서 운전자의 운전을 도와주거나 대신하는 역할을 하고 있습니다. 크래프트 역시 다양한 시장 정보를 활용, 인공지능이 학습을 통해 최적화된 포트폴리오를 구성한다는 점에서 자동차의 자율주행과 유사한 측면이 있습니다.

2019년 5월에 상장한 QRFT의 운용자산 규모는 1,800만 달러 수준에, 일평균 거래금액은 약 16만 달러로 아직은 많이 작은 수준입니다. 연 단위로 배당을 지급하는 QRFT가 투자하고 있는 종목들의 평균 시가총액은 2,462억 달러에 이르며, 연 단위 배당 수익률은 1.80%, 운용 수수료는 0.75%로 아크인베스트의 ETF들과 같습니다.

QRFT를 구성하는 포트폴리오를 보면 국적 기준으로 미국이 전체의 99%를 차지하고 있으며, 섹터 기준으로 IT가 55.08%로 가장 크고, 다음으로 헬스케어, 자유소비재 순입니다. 보유 중인 350종목에서 가장 큰 비중을 차지하는 3개 종목은 글로벌 1위 전자상거래 기업인 아마존닷컴, 세계 최대 소프트웨어 회사인 마이크로소프트, 미국을 대표하는 프리미엄 IT 업체인 애플입니다. 상위 10개 종목이 차지하는 비중은 21.35% 수준이며 5%를 초과하는 종목은 없습니다.

QRFT의 경우 월 단위로 포트폴리오 리밸런싱을 실시합니다. 실현 변동성 수준은 S&P 500과 비슷하나 상당한 초과수익을 기록하고 있다는 점에서 위험조정 수익률을 극대화하는 전략을 수행하는 인공지능 모델이 작동한다고 볼 수 있습니다.

QRFT의 수익률 추이

구분	최근 1개월	최근 3개월	2021년	최근 1년	최근 3년	최근 5년	최근 10년
QRFT	-5.85%	-10.49%	-0.79%	40.61%	-	-	-

QRFT의 포트폴리오를 구성하는 톱 10

	섹터 비중				기업 비중		
1	IT	55.08%	1	아마존닷컴	AMZN	3.12%
2	헬스케어	23.74%	2	마이크로소프트	MSFT	2.93%
3	자유소비재	8.80%	3	애플	AAPL	2.80%
4	산업재	7.45%	4	알파벳(클래스A)	GOOGL	2.52%
5	필수소비재	1.81%	5	어드밴스드 마이크로 디바이시스	AMD	2.01%
6	에너지	1.30%	6	인튜이트	INTU	1.86%
7	소재	0.40%	7	시젠	SGEN	1.65%
8	금융	0.36%	8	페이스북	FB	1.63%
9	-	-	9	오토데스크	ADSK	1.47%
10	-	-	10	워크데이	WDAY	1.36%

QRFT의 최근 1년간 주가 추이를 보면 최고가는 42.09달러, 최저가는 26.94달러, 수익률은 +40.61%입니다.

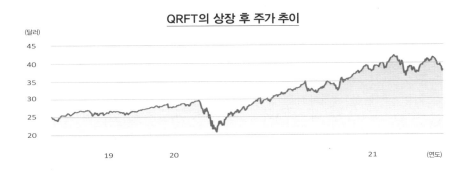

QRFT의 상장 후 주가 추이

(달러)

45
40
35
30
25
20

19   20   21   (연도)

AMOM US

QRAFT AI-Enhanced U.S. Large Cap Momentum ETF

QRFT 이외에도 인공지능을 통해 포트폴리오를 구성하는 ETF 중 하나로 AMOM이 있습니다. QRFT와 같이 미국 대형주 유니버스 안에서 인공지능으로 포트폴리오를 구축해 나가는 동시에 모멘텀 팩터에 노출시켜서 포트폴리오를 만드는 액티브 전략을 구사하고 있습니다. 최근 들어 국내외 언론에서 테슬라의 주가를 예측한 것으로 주목을 받았던 전략이기도 합니다.

2019년 5월 상장한 AMOM의 운용자산 규모는 2,400만 달러 수준에, 일 거래 대금 규모는 약 73만 달러 정도로 매우 작은 수준입니다. 연 단위로 배당을 지급하는 AMOM이 투자하고 있는 종목들의 평균 시가총액은 2,158억 달러에 이르며, 연 단위 배당 수익률은 23.45%를 기록했습니다. 다만 이러한 배당 수익률은 2020년에 발생한 포트폴리오 리밸런싱에서 나타난 실현 이익으로 인해서 발생한 것으로, 앞으로 해당 수준 정도의 배당을 기대하기는 힘듭니다. 현재 운용 수수료는 0.75%로 아크 인베스트의 ETF들과 같습니다.

　AMOM을 구성하는 포트폴리오를 보면 국적 기준으로 미국이 전체의 99%를 차지하고 있으며, 섹터 기준으로 IT가 33.31%로 가장 크고, 다음으로 자유소비재와 필수소비재 순입니다. 보유 중인 49개 종목 중 가장 큰 비중을 차지하는 3개 종목은 세계적 소셜네트워크 업체인 페이스북, 글로벌 1위 전자상거래 기업인 아마존닷컴, 글로벌 대표 전기자동차 회사인 테슬라입니다. 상위 10개 종목이 차지하는 비중은 43% 수준이며 5%를 초과하는 종목은 3개입니다.

AMOM의 수익률 추이

구분	최근 1개월	최근 3개월	2021년	최근 1년	최근 3년	최근 5년	최근 10년
AMOM	-5.15%	-5.01%	2.92%	51.27%	-	-	-

AMOM의 포트폴리오를 구성하는 톱 10

	섹터 비중			기업 비중		
1	IT	33.31%	1	페이스북	FB	8.03%
2	자유소비재	29.99%	2	아마존닷컴	AMZN	7.83%
3	필수소비재	13.97%	3	테슬라	TSLA	5.58%
4	헬스케어	11.65%	4	월마트	WMT	4.27%
5	산업재	7.95%	5	홈 디포	HD	3.94%
6	소재	1.62%	6	엔비디아	NVDA	3.86%
7	-	-	7	어도비	ADBE	2.95%
8	-	-	8	텍사스 인스트루먼츠	TXN	2.50%
9	-	-	9	로우스	LOW	2.36%
10	-	-	10	인튜이트	INTU	2.06%

AMOM의 최근 1년간 주가 추이를 보면 최고가는 39.81달러, 최저가는 26.77달러, 수익률은 +51.27%입니다. AMOM 역시 월 단위 포트폴리오 리밸런싱을 실시하고 있습니다.

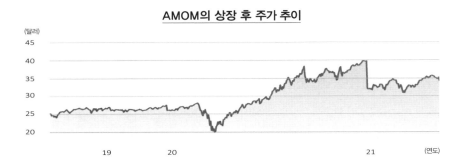

AMOM의 상장 후 주가 추이

appendix

Q&A

ETF와 ETN은 무엇이 다른가요?

미국에서는 증권거래위원회SEC의 결정사항으로 프로쉐어즈와 디렉시온 외 자산운용사의 레버리지 ETF 개발을 불허하고 있습니다. 이에 따라 레버리지 상품을 만들고 싶은 증권사들이 주로 ETNExchange Traded Note을 발행해서 상장하고 있죠. 우리나라도 증권사에서 다양한 ETN들을 선보이고 있는데 미국과 달리 증권거래소에서 ETN 상품 출시를 독려한 결과입니다. 미국과 한국의 ETN 출시 이유가 조금 다른 거죠.

그리고 ETN 투자를 위해서는 좀더 주의해야 할 필요가 있습니다. ETF는 자금을 외부 수탁은행에 맡겨야 하므로 투자자의 자금이 안전하게 보관되지만, ETN은 발행 증권사가 파산할 경우 ETN 가격과 상관없이 투자자들은 원금을 잃을 가능성이 있습니다. 실제로 2008년 금융위기 당시 미국 뉴욕증권거래소NYSE에 상장되었던 리먼 브라더스Lehman Brothers Holdings Inc.의 ETN이 상장폐지된 전례가 있습니다. 따라서 ETN은 무보증, 무담보 사채와 동일 수준의 신용위험이 있다는 점을 주의해야 합니다.

지난 2018년 2월 XIV의 경우에도, VIX 지수가 빠르게 상승하며 해당 ETN에 있었던 조기상환 조항이 발동되면서 해당 상품이 즉각 상장폐지되는 일이 발생했습니다.

또한 2020년에는 코로나19로 인해 국제유가가 급락했는데, 특히 4월 20일에는 서부텍사스산 원유WTI의 5월 인도분 선물 가격이 배럴당 −37.63달러를 기록하면서 사상 처음 마이너스를 기록했습니다. 당시 극심한 유가 변동성으로 원유에 투자하는 ETN에 투자한 대부분의 개인 투자자는 큰 손실을 볼 수 밖에 없었죠. 여기에 과도한 괴리율에 따라 일부 ETN이 상장폐지를 결정하면서 개인 투자자의 손실은 더욱 커졌습니다.

이와 같이 투자자 입장에서 세세한 약관까지 확인하기는 쉽지 않으므로 ETN은 가급적 투자하지 않는 것이 바람직합니다.

ETF와 ETN의 차이

구분	ETF	ETN
정의	자산운용사가 인덱스펀드를 거래소에 상장한 것	증권사가 인덱스 수익률 지급 "채권"을 거래소에 상장한 것
만기	없음	있음 : 만기도래 시 투자자는 채권 가격을 지급받고 증권사는 유사전략 채권을 재상장
장점	투자금이 수탁은행에 별도 보관되어 안전	다양한 상품 구성이 가능
단점	운용자산 규모가 적을 경우 유동성 우려와 함께 호가와 매도가 간 차이 발생으로 손실이 발생할 가능성이 있음	해당 채권을 발행한 증권사가 부도 시 투자금 반환이 불가할 가능성이 있음. 간혹 조기상환 조항들이 발생해서 상장폐지 이벤트 발생도 가능

미국 주가 지수의 종류가 궁금해요!

주식에 관심이 없다 해도, 뉴스나 신문을 통해 S&P 500, 다우존스, 나스닥 100 등의 명칭을 자주 접했을 것입니다. 이 세가지는 대표적인 미국 주가 지수들의 명칭입니다. ETF는 상장지수펀드라는 이름 그대로, 주가 지수의 움직임에 연동되어 운용되므로 글로벌 ETF에 투자하기에 앞서 주가 지수에 관한 기본 상식을 알아두는 것이 좋겠습니다.

미국 주식 시장을 가장 잘 나타낸다고 여겨지는 S&P 500 지수부터 살펴보죠. 스탠다드 앤 푸어Standard & Poor 사가 작성하는 S&P 500 지수는 뉴욕증권거래소NYSE에 상장된 대형기업 500개의 주식으로 구성되어 있습니다. 1923년에 처음 공개되었으며, 1957년에 500종목으로 확대되어 오늘에 이르렀습니다. 종목은 업종별로 고르게 구성되어 있으나, 시가총액 기준으로 보면 IT 업종이 20% 이상으로 가장 높은 비중을 차지합니다. S&P 500에 포함되는 대표적인 기업으로는 지난 해 말 새로 편입된 테슬라를 비롯해 델타 항공, 마스터카드, 모건 스탠리, 버크셔 해서웨이, 뱅크 오브 아메리카 등이 있습니다.

다우존스 산업평균지수Dow Jones Industrial Average는 1896년, 월스트리트저널의 편집자 겸 다우존스 앤 컴퍼니의 공동 창립자인 찰스 다우가 개발한 주가 지수입니다. 뉴욕증권거래소에 상장된 우량기업 30개의 주식으로 구성되어 있으며 역시 IT 업종이 7개로 가장 많습니다. 다우존스 지수에 포함되는 대표적인 기업으로는 골드만 삭스, 나이키, 마이크로소프트, 애플, 코카콜라, 월트 디즈니 등이 있습니다.

나스닥 100NASDAQ 100 지수는 한 마디로 기술주 위주의 주가 지수라고 이해하면 쉽습니다. 시가총액 기준 세계 2위의 증권거래소인 나스닥에 상장된 우량기업 중 기술주를 중심으로 선정된 100개의 주식으로 구성되어 있습니다. 1985년부터 매년 12월 편입종목을 변경하여 발표하고 있는데, 지난 12월에는 6개 종목이 새로 편입되고 6개 종목이 제외되었습니다. 종목 구성과 시가총액 구성을 보면 모두 IT가 가장 높은 비중을 차지하고 있는데요. 종목 구성의 경우 전체의 40%, 시가총액 구성의 경우 44%가 IT로써 모두 40% 이상의 비중을 나타내고 있습니다. 나스닥 100 지수에 포함되는 대표적인 기업으로는 넷플릭스, 아마존닷컴, 알파벳, 엔비디아, 페이스북, 페이팔 등이 있습니다.

MSCI와 FTSE 이머징 마켓 지수, 차이가 무엇인가요?

MSCI, FTSE. 어디서 들어본 것 같은데 잘 모르시겠다구요? 간단하게 설명해 드리겠습니다.

ETF는 기본적으로 인덱스Index, 다시 말해 지수를 추종하는 상품이고, S&P, MSCI, FTSE는 ETF가 추종하는 지수를 산출하는 기관입니다. 바로 글로벌 지수 산출 기관이죠. 지수를 산출하는 기관별로 특색이 있는데 MSCI는 기관 투자자들의 사랑을 받는 주식형 지수 산출에 강하고, FTSE는 유럽 지수와 글로벌 지수 산출에 강점이 있습니다. FTSE에서는 한국을 이미 선진국 시장에 포함시켰죠. 그리고 S&P가 산출하는 지수 중에는 미국 지수가 제일 유명하고요. 한국의 경우는 한국거래소KRX가 대표적으로 지수를 산출하는 기관입니다.

각 기관마다 위원회를 열어서 지수 구성을 결정하기 때문에 그 기준 또한 각기 다릅니다. 본문에서 소개한 상품들이 추종하는 이머징 마켓 지수에 한국 편입 유무가 대표적인 사례입니다. 참고로 MSCI의 경우에도 한국 주식을 선진국 시장 지수에 편입시키려고 몇 년째 논의 중인데, 언제 실현될지는 여전히 알 수 없는 상황입니다.

우리나라에는 환헤지형 상품이 많은데, 글로벌 ETF에도 그런 상품이 많나요?

결론부터 말씀드리면 글로벌 ETF는 환헤지형 상품이 거의 없으며, 이 책에서 소개한 ETF들 역시 환헤지형이 아닌 환노출형 상품입니다. 환'헤지'가 더 안 전하다는 환상을 가진 한국 투자자분들이 많은데, 환헤지는 많은 경우 비용 이 발생할 뿐더러 시장 하락기에 오히려 손실을 증폭시킬 가능성이 있습니다. 글로벌 ETF가 모두 환노출형이라고 하더라도 불안해하지 마세요. 오히려 더 좋은 결과를 가져올 수도 있습니다.

채권은 만기가 오면 원금이 상환되는데 채권형 ETF는 어떤가요?

대부분의 채권 ETF는 투자 전략이 사전에 결정되어 있습니다. TLT를 예로 들 면, 만기가 20년 이상 남은 미국 국채에 투자하기 때문에 투자하고 있던 국채 만기가 가까워지면 해당 국채를 매도하고 만기가 많이 남은 새로운 국채를 다 시 매수하는 과정을 거치게 됩니다. 그렇기 때문에 채권형 ETF의 포트폴리오 는 시간의 경과에 따른 원금 상환과 관계없이 꾸준히 전략에 맞는 채권에 투 자하게 됩니다.

달러에 투자하고 싶습니다!
달러 수익률을 추종하는 ETF가 있나요?

달러에 투자하는 방법으로 UUP에 투자할 수 있습니다. UUP US(Invesco DB US Dollar Index Bullish Fund)는 달러 인덱스 수익률에 투자하는 상품으로, 한국 투자자 입장에서는 시장 상황에 따라 레버리지된 수익률이 발생할 수 있습니다. 참고로 원화 대비 달러 수익률을 추종하지는 않습니다.

한국 투자자들이 달러 수익률에 투자하는 가장 편리하고 정확한 방법은 ETF 매매보다는 원화를 달러로 환전하는 것입니다. 환전 후 환율 변동에 따라 수익 혹은 손실이 바로 발생하게 되는데요, 독자분들은 최근 1년간 투자에 있어서 어느 정도의 변동성을 감내하셨나요?

참고로 UUP US는 도이치 뱅크가 제공하는 롱 달러 선물 지수(Long USD Futures Index)를 추종하는 상품으로, 달러 인덱스 선물의 매수 포지션을 바탕으로 운용됩니다. 여기서 롱 달러 선물 지수는 유로, 엔, 파운드, 캐나다 달러, 스웨덴 크로나, 스위스 프랑 등 주요 6개국 통화 대비 달러 가치로 계산되는 달러 인덱스(U.S. Dollar Index, DXY)입니다. 인베스코에서 2007년 2월에 출시했으며, 운용자산이 3억6천9백만 달러에 일평균 거래대금은 2천만 달러 수준입니다. 제반 비용 및 보수 등의 수수료율은 0.76%로 매우 높습니다.

위험조정 수익률이 뭔가요?

위험조정 수익률risk-adjusted return이란 현재 재무관리에서 가장 기초가 되는 개념 중 하나입니다.

예를 들어보겠습니다. 동일하게 기대수익률이 10%인 자산 A와 B가 있습니다. 자산 A는 매일 조금씩 일정하게 수익이 나는 예금과 같은 상품이고, 자산 B는 매일 등락폭이 2~3%에 달하는 변동성이 큰 자산입니다. 이 경우 일반적으로 투자자들은 자산 A를 선호하게 됩니다.

투자 성과에 있어서 단순히 수익률만으로 비교하는 것이 아니라 그 수익률을 달성하기 위해서 감내한 위험수준변동성을 감안하여 수익률을 조정하게 되는데요, 이렇게 조정한 수익률이 위험조정 수익률입니다.

앞서 사례와 같이 위험조정 수익률을 활용하여 자산을 평가하면 어떻게 될까요? 동일한 수익률을 기대하는 자산이 있을 때에는 변동성이 작은 자산이 우수하다고 평가할 수 있습니다. 또한 동일한 변동성을 갖는 자산이 있을 때에는 높은 수익률을 달성한 자산이 우수하다고 평가하게 됩니다.

비트코인 ETF는 언제 상장되나요?

지난 2018년 초만 하더라도 그 해 상반기에 미국에서 비트코인 ETF가 상장될 것으로 예상했었지만 2020년 5월 현재까지 상장된 ETF는 전무한 상황입니다. 반면 지난 2월 12일 캐나다 증권거래위원회가 세계 최초로 비트코인 ETF인 Purpose Bitcoin ETFBTCC를 승인한 데 이어 4월 14일에는 세계 최초의 비트코인 인버스 ETF인 BetaPro Inverse Bitcoin ETFBITI가 상장되었죠.

이에 미국에서도 현재 최소 8개의 자산운용사가 비트코인 등 가상화폐와 관련한 ETF에 대한 승인을 요청한 상태입니다. 하지만 승인 가능성은 여전히 요원합니다. 파월 연준 의장을 비롯해 각국 중앙은행과 정부가 가상화폐를 투기 수단으로 정의한 상황에서 미국 증권거래위원회SEC 역시 비트코인 선물 상품에 대해 투기성이 높은 투자라고 경고하고 나섰습니다. 특히 새로 취임한 최

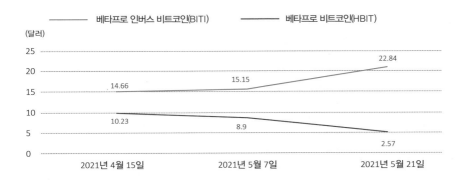

비트코인 ETF의 가격 변화

자료 : 호라이즌스 ETF / 출처 : 〈코인 급락에도 비트코인 ETF에는 돈 몰린다〉, 서울경제, 2021년 5월 23일

근 게리 겐슬러 SEC 위원장은 의회에 출석해 가상화폐 시장에서 투자자 보호의 필요성을 강조했습니다.

참고로 비트코인 가격이 급락하는 등 가상화폐 가격 변동성이 커짐에 따라 비트코인 ETF 거래는 오히려 증가하고 있는 것으로 나타났습니다. 실제로 4월 14일 상장된 BetaPro Inverse Bitcoin ETF_{BITI}는 5월 3주차에 거래량이 전주 대비 6배 증가했고, BetaPro Bitcoin ETF_{HBIT}는 전주 대비 2배 증가하는 등 모두 거래량이 급증하고 있는 상황입니다.